MONOGRAPHIE

TABLE DE CLAVDE

ACCOMPAGNÉE DV FAC-SIMILE DE L'INSCRIPTION

AV NOM DE LA VILLE DE LYON

LYON

IMPRIMERIE DE LOUIS PERRIN, RVE D'AMBOISE

MONOGRAPHIE

DE LA TABLE DE CLAVDE

Exemplaire N° 33

offert

par la Ville de Lyon

à Monsieur l'abbé Christophe,
auteur de l'histoire de la Papauté au XIVe Siècle
en témoignage de haute Considération.

Lyon, le 17 octobre 1884.
L'auteur
J. B. Monfalcon.

La Maire de Lyon,
E. Reveil.

Cette édition n'a été tirée qu'au nombre de cent exemplaires destinés, pour la plupart, aux principales Académies et Bibliothèques publiques de l'Europe.

La Monographie de la Table de Claude est l'une des parties complémentaires de l'ouvrage suivant :

Histoire de la Ville de Lyon, par J.-B. Monfalcon, augmentée de l'Éloge de J.-F. Terme, maire de Lyon, d'une Étude topographique sur les anciens monuments de Lugdunum, du Dictionnaire des rues, de la Bibliographie générale de Lyon, de deux Lettres à M. l'abbé Cattet, des Annales de Lyon, 1847 à 1850, d'une Lettre à M. Auguste Bernard, contenant les additions et corrections, de nouvelles Planches gravées sur cuivre et sur bois, et d'une collection avant la lettre de cinquante-quatre Vues de Lyon, gravées par Schroeder d'après les dessins de Richard. Lyon, Louis Perrin, 1851, 6 vol. grand in-8°, papier vélin (il n'existe que vingt-cinq exemplaires ainsi complétés en papier vélin, et quarante-cinq exemplaires en papier ordinaire, 2 forts volumes in-8°).

MONOGRAPHIE

DE LA

TABLE DE CLAVDE

PAR J.-B. MONFALCON

ACCOMPAGNEE DV FAC SIMILE DE L'INSCRIPTION

GRAVEE DANS LES DIMENSIONS EXACTES DV BRONZE

ET PVBLIEE

AV NOM DE LA VILLE DE LYON

PAR ORDRE

DE M · E · REVEIL

MAIRE

LYON

IMPRIMERIE DE LOVIS PERRIN RVE D'AMBOISE

M D CCC LI

A M. LENORMANT

MEMBRE DE L'ACADÉMIE DES INSCRIPTIONS ET BELLES-LETTRES.

MONSIEUR,

Paris attire à lui, par une force irrésistible, les hommes de lettres de la province; il leur offre une situation meilleure, des moyens de célébrité, l'attrait de son immense mouvement et les jouissances de la vie intellectuelle, qu'il ne faut pas espérer autre part. Si des écrivains de mérite quittent la capitale pour occuper dans un département une position scientifique ou littéraire, ils se considèrent comme exilés, tournent sans cesse leurs regards vers la terre promise, et reviennent au foyer des lumières et de la fortune, dès qu'ils en trouvent l'occasion. Cependant l'émigration ne saurait être générale; quelques gens de lettres se résignent à la vie de province et, sans s'abuser sur ses inconvénients, finissent par s'y arranger. Ils aiment l'étude pour elle-même; elle est pour eux une seconde vie, non un moyen, mais un but. Très médiocrement désireux de renommée, ces écrivains consacrent, sans hésiter, vingt années de leur vie et une partie considérable de leur fortune à la publication d'un livre dont ils ne doivent espérer, dans les circonstances les plus prospères, qu'une réputation de clocher. Aucun de vos grands journaux ne leur fera l'aumône d'un feuilleton, rarement leur nom sera prononcé dans vos académies, et cependant ils ne se décourageront pas. Quand ces hommes consciencieux ont eu le bon esprit de choisir pour leurs études une question de localité, bien placés pour voir, et peu distraits de leur travail, ils accomplissent en silence leur œuvre de bénédiction. Leurs livres ont peu de retentissement, mais ce qu'ils perdent quant au bruit, peut-être le retrouvent-ils quant à la durée. Nous n'avons guères qu'un sillon à exploiter, mais ce sillon, nous pouvons du moins le creuser à une grande profondeur et le poursuivre dans toutes ses directions.

En province cependant, la vie littéraire n'est pas une idylle; moins attrayante qu'à Paris, elle a, en outre, plus d'un mauvais côté. Les hommes de lettres ne se traitent point toujours en frères; ils ne savent pas mieux que ceux de la capitale résister à l'esprit de rivalité. Même jalousie, même ardeur de dénigrement, mêmes passions; l'homme est partout le même, et tout le monde est fait comme notre famille. Les académies de province ressemblent assez bien à celles de Paris; il n'y a guères de différence que dans l'importance des hommes et des choses; nos couronnes ne sont pas toujours décernées avec un discernement irréprochable, et, faits communs de vos rapports de commission ne sont pas plus infaillibles. En province, deux hommes de lettres ne peuvent pas se rencontrer sur un même sujet sans devenir, par ce fait seul, ennemis intimes; ils ne se pardonnent pas une coïncidence obligée ou fortuite; Cinq membres de l'Académie française ont écrit l'histoire de la Révolution : se sont-ils accusés réciproquement de plagiat? Non sans doute. Les sujets littéraires, de même que les faits archéologiques ou historiques, appartiennent à tous; c'est le style, c'est le talent qui donne l'individualité et qui constitue la propriété.

Destiné à passer ma vie en province, et animé du désir de l'employer à un travail utile, j'ai recueilli, pendant trente ans, les matériaux d'une histoire de Lyon. La première de mes publications, comme étude préliminaire, remonte à 1829. J'aime Lyon de l'amour d'un fils pour sa mère; élever à ma ville natale un monument digne d'elle, telle a été ma persévérante ambition, mon idée fixe de tous les moments. Pourvu d'emplois scientifiques et littéraires, j'ai écrit sur des sujets variés; mais mes essais sur des matières qui appartiennent aux sciences, de même que mes éditions polyglottes d'Horace, de Virgile, d'Anacréon et de l'Imitation de Jésus-Christ, n'ont guères été, malgré l'énormité du labeur, qu'une diversion nécessaire à la publication de mon œuvre favorite. Enfin, après tant d'années d'un travail assidu, en dépit de tous les obstacles, et malgré une révolution qui a grandement compromis la littérature en province, si elle ne l'y a pas tuée tout à fait, j'ai publié, le 25 août 1851, sous le titre d'Histoire littéraire ou Bibliographie générale du Lyonnais, la dernière partie de mon grand ouvrage. Pardon pour ces détails tout personnels et sans intérêt; mais vous avez eu à porter un jugement sur deux de mes essais, et je ne puis accepter quelques unes de vos paroles. Avant de parler de mon travail, j'ai cru devoir dire comment j'ai travaillé.

Parmi les études que m'imposaient mes recherches historiques sur Lyon, se trouvait celle d'une de nos antiquités nationales les plus célèbres, de la Table de bronze découverte à Lyon, et sur laquelle est gravé un discours prononcé dans le sénat de Rome par un Lyonnais, l'empereur Claude. J'ai traité quatre fois ce sujet, sinon avec bonheur du moins avec quelque ténacité. C'est au mois de mars 1846 que parut mon premier travail; il était en grande partie un résumé de ce qu'avaient écrit sur le bronze de Lyon Menestrier, Brossette, Artaud, et surtout M. Charles Zell. Mais la science archéologique marchait; des écrits importants sur les discours des empereurs romains avaient paru, et de nouvelles recherches sur les origines de Lugdunum, ainsi que les savants conseils d'un homme profondément versé dans la science du droit romain, M. Grégor, avaient modifié quelques unes de mes idées. Je

recommençai, et, au mois de novembre 1847, je publiai une étude nouvelle sur la Table de Claude; elle ne me satisfit point complétement. Bien servi par les circonstances, j'obtins de M. le Maire de Lyon l'autorisation de faire graver le discours de l'empereur Claude, exactement dans les dimensions du monument original, projet que j'avais formé et annoncé depuis plus de cinq ans. Il me serait enfin possible de donner une édition avec d'amples commentaires, un véritable variorum, ainsi qu'un fac-simile, d'une exactitude irréprochable, des deux versions du discours de Claude. Je me mis donc à l'œuvre, mais avant de mettre sous presse l'édition municipale je crus devoir soumettre préalablement mon travail nouveau au jugement de l'opinion; il a paru à la fin de 1850 et au commencement de 1851 dans un recueil très répandu à Lyon, la Revue du Lyonnais. L'attention publique était éveillée au lieu même où elle était le plus éclairée, et mes erreurs, de même que mes emprunts, ne pouvaient lui échapper. Après ces travaux et ces précautions préalables, je mis enfin sous presse mon volume, et, au mois de février 1851, je présentai une partie de cet ouvrage à l'Académie des Inscriptions et Belles-Lettres.

Organe de la commission des antiquités nationales, vous êtes investi d'une véritable dictature; bon gré, mal gré, il faut la subir. Les écrivains qui vous adressent leurs ouvrages étaient libres de ne pas le faire; ils n'ont donc point qualité pour se plaindre si le jugement rendu par vous n'est pas tel qu'ils l'auraient souhaité; mais s'ils ne sont nullement autorisés à compter sur des éloges, peut-être ont-ils le droit d'espérer qu'ils ne rencontreront pas des préventions, et qu'un acte de haute déférence envers l'Académie ne leur vaudra pas, pour unique résultat, des observations aussi injustes pour le fond qu'elles sont peu obligeantes pour la forme. Ce n'est pas pousser l'exigence bien loin. Le mandat n'est pas contestable, mais votre manière d'en user doit être appréciée non seulement par l'opinion, mais encore par les écrivains dont vous parlez. Si je n'avais eu qu'une question personnelle à vider, s'il ne s'était agi que de la valeur de ma Monographie, je me serais abstenu, bien certainement, de relever une attaque dont je ne m'exagère ni la portée ni le retentissement; mais la limite d'une appréciation littéraire n'a-t-elle pas été dépassée? Une autre circonstance me porte à vous répondre : l'édition municipale de la Table de Claude n'est pas distribuée; ainsi, je suis parfaitement à temps de réparer le tort que vous me reprochez, si le grief est fondé. Devenue la préface de mon livre, cette lettre est une occasion excellente pour faire amende honorable, s'il y a lieu.

Après avoir annoncé, en quelques mots, à l'Académie la publication d'une édition, pour ainsi dire officielle, de la Table de Claude et de la dimension de l'original, vous ajoutez ces paroles : « M. de Boissieu est le premier qui ait fait voir que Claude, en prononçant dans « le sénat l'étrange discours dont la Table de Lyon contenait la reproduction authentique, « n'avait point prétendu faire conférer à sa ville natale un droit dont, en qualité de colonie « romaine, elle jouissait depuis sa fondation, mais que la faveur impériale, dont le monu- « ment nous est parvenu, devait, dans l'intention du fils de Drusus, s'étendre aux cités « de la Gaule Chevelue. Cette circonstance, qui nous semble inattaquable, et qui rend plus « général l'intérêt qu'offre la Table de Claude, doit rester comme une conquête de M. de « Boissieu. Ce n'est pas aux antiquaires qu'il serait permis de dire qu'ils prennent leur bien « où ils le trouvent. » Vous n'avez pas vu autre chose dans mon travail; c'est tout ce que vous en dites.

Quelques dissentiments personnels ne m'ont point empêché de rendre une éclatante justice au Recueil des Inscriptions latines trouvées à Lugdunum; j'ai proclamé cet ouvrage un des livres les plus beaux et les plus consciencieux qui aient paru à Lyon. Ce qu'il s'agit de décider aujourd'hui, c'est la question de savoir qui a dit le premier que la faveur demandée au sénat de Rome concernait les populations de la Gaule Chevelue; mais plusieurs annotateurs de Tacite l'ont affirmé en termes plus ou moins formels; mais on lit dans la première livraison de mon Histoire de Lyon : « Claude crut à la justice de leurs prétentions « (des populations de la Gaule Chevelue) et se fit leur avocat dans le sénat (page 13) »; mais ce lieu commun, que Claude prit la parole pour les habitants de la Gaule Chevelue, se trouve longuement et savamment discuté aux pages 11, 12, 13, 14 et 15 de la dissertation de M. Zell (publiée en 1833), dissertation qu'un membre de l'Académie des Inscriptions et Belles-Lettres devrait connaître, surtout lorsqu'il se constitue juge d'ouvrages sur la Table de Claude. M. Zell a dit, il y a dix-huit ans, que Lugdunum possédait le droit de cité romaine; je ne puis tout citer ici, mais voici quelques mots significatifs : « Nam Lugdunum qua de re infra videbimus, romanam civitatem optimo jure jam tum fortasse habuit (p. 14). J'ai emprunté beaucoup, j'en conviens, mais à M. Zell et en citant cent fois M. Zell. Il était établi, d'une part, d'après ce savant et d'autres écrivains, que Claude avait pris la parole en faveur des populations de la Gaule Chevelue; d'autre part, d'après des inscriptions connues dès longtemps et le témoignage des auteurs latins, que Lugdunum avait été une colonie romaine et pourvu, à ce titre, du droit complet de cité; dès lors la conséquence se présentait d'elle-même et devenait une déduction forcée pour quiconque avait à parler sur ce sujet. Qu'il me soit permis d'ajouter que la discussion sur le véritable objet du discours de l'empereur n'est qu'un chapitre de la Monographie de la Table de Claude et n'en est pas le plus important; si je n'avais eu que cette matière à traiter et si je n'avais rien eu de plus neuf à dire, ce n'eût pas été la peine d'écrire. Puisque vous teniez absolument à faire un parallèle, je regrette fort qu'il n'ait pas été établi sur tous les points; sans doute vous n'eussiez pas trouvé partout la coïncidence qui vous a frappé sur une question secondaire, et qu'avec plus de science du sujet, vous auriez facilement expliquée. Mon travail n'est pas irréprochable, à beaucoup près; mais il m'est permis de protester contre ce qu'il vous a plu d'en dire: je l'ai soumis à l'appréciation des principales académies de la France; elles le jugeront avec impartialité.

Au reste, je ne suis point le premier à réclamer; les journaux ont infligé plus d'une fois un blâme sévère à vos comptes-rendus. Des écrivains qui n'ont point été vos justiciables, et dont, par conséquent, le témoignage est désintéressé, dénoncent en ce moment même à l'opinion publique vos contradictions, ainsi que l'incroyable légèreté avec laquelle vous formulez vos arrêts. Elle compromet, selon eux, l'Académie, et ne fatigue pas peu les écrivains qui recherchent des relations avec ce corps savant. La presse me venge amplement; je n'ai qu'à la laisser dire.

Si je devais être cru sur parole, je me bornerais à cette affirmation que je n'ai pas lu encore le chapitre dont, selon vous, j'aurais emprunté un passage; peut-être l'ai-je feuilleté il y a deux ans, mais ma mémoire n'en a conservé que de vagues souvenirs. Ce n'est pas que je ne fasse très grand cas de l'ouvrage, mais j'avais à ma disposition tous les documents originaux sur le bronze de Lyon; il me suffisait de les interroger, et je n'avais qu'à m'en bien servir.

Ma Monographie est un volume grand in-folio; le chapitre sur la Table de Claude, qui se trouve dans le livre dont vous parlez, n'a que quelques pages: ainsi, les deux travaux ne sauraient se ressembler beaucoup, soit pour la forme, soit pour le plan. Si j'ai été bien renseigné par des savants très au courant de la question, les opinions sur la Table de Claude qu'on lit dans l'ouvrage que vous m'opposez sont très différentes des miennes. C'est expressément pour combattre des idées maintenant inadmissibles qu'a été fait mon travail; j'ai soutenu parfois une thèse contraire, et, si je ne suis pas mal informé encore, ce n'est pas sans quelque succès. Ainsi, bien certainement, mon mémoire n'a pas été lu.

Veuillez me permettre quelques observations préalables; il me semble que j'ai déjà répondu à votre inculpation. Mes premiers essais sur la Table de Claude contenaient en germe les idées que j'ai depuis développées et complétées; ils ont paru en 1846, c'est-à-dire environ deux ans avant la livraison de l'ouvrage dont un chapitre est consacré au bronze de Lyon. Je l'ai dit déjà, la Monographie de la Table de Claude a été insérée en trois articles, en 1851, dans la Revue du Lyonnais; pendant trois mois elle a été soumise à l'examen d'yeux très clairvoyants, qui n'ont pas aperçu le prétendu emprunt, fort peu important du reste, dont vous parlez: cette découverte vous était réservée. Mes idées sur notre bronze ont été discutées et, à ce que je crois, approuvées; personne, que je sache, ne m'a contesté le droit de les émettre. Un savant d'un mérite infiniment distingué et qui m'a été fort utile prenait intérêt à mon travail et en revoyait avec soin toutes les pages, tous les mots; il connaissait à fond, non seulement cet ouvrage, mais aussi ce qui avait été écrit récemment sur le même sujet; et cependant ce que vous avez vu; M. Grégorj ne l'a pas vu. Pourrais-je dire, sans irrévérence, qu'en ce qui concerne le bronze de Lyon, il est particulièrement compétent? M. Grégorj m'a fort encouragé, et son approbation, je l'avoue, m'a donné confiance.

J'ai établi, dans ma Monographie, les points fondamentaux suivants: 1° Lugdunum, dès son origine, a été colonie romaine et n'a jamais été municipe. 2° La Table de Claude n'est point un monument élevé par la reconnaissance des Lyonnais; elle n'est autre chose que la publication, par la voie officielle usitée en ces temps, d'un discours de l'empereur ayant force de loi. 3° Le discours de l'empereur demandait au sénat romain le droit complet de cité, non pour les habitants de Lugdunum, qui en jouissaient à titre de colons romains, mais pour les populations beaucoup moins favorisées de la Gaule Chevelue; 4° La Table de bronze n'a point été placée dans Lugdunum, colonie romaine, qui n'avait nul intérêt à la posséder. 5° Claude, pendant qu'il prononçait son discours, n'a point été interrompu par les sénateurs; ces paroles si mal interprétées: TEMPUS EST JAM, T. CÆSAR GERMANICE, INTEGERE TE PATRIBUS CONSCRIPTIS QUO VENIAT ORATIO TUA..., n'ont point échappé à

l'impatience des auditeurs de l'orateur impérial; elles ont été proférées par Claude lui-même.

Quelques unes de ces opinions m'appartiennent; j'ai emprunté les autres à MM. Buchholtz, Guérini, Zimonera, Zell et Dirksen, écrivains dont j'ai reproduit les opinions dans leur langue originale, après en avoir donné la traduction en français. Ce n'est point tout: une longue note bibliographique contient expressément l'indication de toutes les sources auxquelles doivent puiser ceux qui se proposeront d'étudier la Table de Claude; je crois n'avoir rien oublié.

Je n'ai point inventé la Table de Claude; mais personne, pas plus que moi, n'a droit d'en réclamer le monopole. Il y a sur ce monument, comme sur la plupart des questions d'archéologie, un fonds commun de faits et d'idées qui sont à la disposition de tout le monde. Quand deux écrivains traitent un sujet identique, ils consultent les mêmes auteurs et suivent un sentier commun: ils marchent dans une voie semblable, comment s'étonner qu'ils mettent de temps en temps le pied sur les mêmes empreintes et parfois dans la même ornière? Qu'il y ait une certaine analogie entre telles pages de ma Monographie et telles pages d'un autre livre, je ne le contesterai point: comment pourrait-il en être autrement? Quand il y a obligation de reproduire les mêmes faits, la différence ne saurait plus être que dans la forme. Si vos nombreux travaux vous eussent permis de faire une étude plus approfondie de la Table de Claude, je le répète, vous auriez formulé votre opinion avec plus de connaissance de cause et de justesse.

Je ne défends nullement ma Monographie. Bien persuadé que le dernier mot sur ce monument n'est peut-être pas dit encore, j'ai adressé cet écrit à divers savants d'Allemagne et d'Italie; si je reçois de bonnes observations critiques, je ne reculerai certainement point devant le travail d'une cinquième élaboration. Au reste, que mon texte soit composé d'idées originales ou d'idées d'emprunt, qu'il soit bon ou mauvais, ce n'est qu'un accessoire, et je vous l'abandonne: le point capital, c'est la publication, pour la première fois sans fautes, du célèbre discours; c'est la gravure du monument antique exactement dans ses dimensions. Un accident très possible peut détruire le bronze de Lyon; ce monument est désormais impérissable. Imprimée à grands frais et avec tout le luxe possible, l'édition de la Monographie de la Table de Claude doit être distribuée tout entière aux principales bibliothèques publiques de l'Europe, ainsi qu'à quelques savants; un livre ainsi exécuté doit rencontrer quelques sympathies. J'y compte, je l'avoue, malgré le déni de justice dont je pourrais me plaindre. Objet d'une imputation portée sans vérité, je ne un sens nullement blessé; aussi continuerai-je à présenter à l'Académie l'hommage désintéressé de mes nouveaux travaux, avec la seule précaution de les placer très expressément en dehors de vos concours.

J'ai mis quelquefois avec bonheur aux loteries académiques: Dieu sait que je n'en tire pas vanité! Moins heureux auprès de l'Académie des Inscriptions et Belles-Lettres que je ne l'avais été à l'Académie française et avec d'autres sociétés savantes, j'ai dû me contenter de deux mentions très honorables accordées à un livre qui ne rentrait guères dans la spécialité de vos concours. Vous avez bien voulu déclarer dans votre dernier rapport que cette seule considération ne vous permettait pas de me donner un prix; n'était-ce pas me le décerner? Je n'ai donc point à me plaindre trop de mon lot, et cependant, par deux fois, j'ai eu à réclamer contre de graves erreurs matérielles, commises, à mon préjudice, dans le travail du président de la commission.

Voilà, dira-t-on peut-être, une susceptibilité bien grande! C'est peu sans doute que quelques paroles de crédit médiocre et déjà oubliées, mais elles touchent à une question de moralité, et je dois dès lors les repousser. Je tiens bien plus à être réputé écrivain de conscience qu'homme de science. En matière littéraire aussi, la probité c'est le respect du bien d'autrui: on permet trop souvent au talent de s'en passer. Ce qui m'appartient dans la Monographie de la Table de Claude est peu de chose, mais ce peu de chose est bien à moi. Vous l'avez qualifiée d'ŒUVRE OFFICIELLE, c'est un grand éloge; le mot est juste, je l'accepte; il caractérise très bien mon travail et restera.

Croyez-le, Monsieur, ce débat ne me laisse de rancune contre personne, j'ai hâte de vous l'affirmer. Si quelques expressions de cette lettre vous paraissent quelque peu vives, veuillez les pardonner à l'émotion bien naturelle qu'a dû exciter en moi une imputation gratuite, et surtout en considération des sentiments de haute estime que vous porte depuis si longtemps,

Monsieur,

Votre très humble et très dévoué serviteur,

MONFALCON,
Bibliothécaire de la ville de Lyon.

Ce 11 octobre 1857.

MONOGRAPHIE

DE LA

TABLE DE CLAVDE

Cette Monographie ne saurait trouver une épigraphe plus convenable que ces paroles de M. Michelet : « La fameuse « table de bronze, où on lit encore le discours de Claude pour l'admission des Gaulois dans le sénat, est la première de « nos antiquités nationales, le signe de notre initiation dans le monde civilisé. » Elle a pour nous, Lyonnais, un autre genre de mérite : c'est l'acte d'anoblissement de nos pères, et la plus importante des inscriptions latines qui ont été exhumées de notre sol. Ce n'est point tout encore : la table de Claude touche aux plus grandes questions de l'histoire de l'administration romaine dans les Gaules, au temps des premiers empereurs; elle est l'une de ces pages de bronze qui remplaçaient, chez les anciens, l'imprimerie ignorée encore, pour la publication soit des lois, soit des discours des empereurs, et elle appartient, sous ce rapport, à cette classe précieuse de monuments qu'ont étudiés avec tant de sagacité, en Italie, Mazocchi et Pietro de Lama; en Allemagne, Boekelen, Zimmern, Buchholz et Dirksen. Enfin, la question si importante des colonies et des municipes, qu'ont éclairée par leurs travaux Niebuhr, Savigny, Zumpt, et surtout Madwig et Guarini, est une partie nécessaire de l'histoire de Lugdunum, ville dont le véritable état politique a été, jusqu'ici, si mal connu.

De telles considérations motivent sans doute la publication d'une Monographie de cette table, complète, et avec ce caractère particulier que la célèbre inscription est restituée pour la première fois telle qu'elle existe, avec la fidélité absolue du calque, sans réduction aux dimensions des lettres, sans omission du moindre fragment, d'un seul point, de la plus légère érosion ou fissure, et enfin avec la teinte soigneusement imitée du métal antique. Nos planches sont le monument lui-même sans autre différence que celle de la matière : la table de bronze y revit multipliée, et désormais rendue impérissable par le burin du graveur. On a reproduit bien souvent les paroles de l'empereur Claude, mais jamais sans fautes et sans de notables différences; maintenant le texte est fixé sans retour, et l'étude des variantes est devenue inutile. Le dessin de l'inscription n'a pas été fait en présence du monument; on comprendrait encore la possibilité d'une distraction ou d'une infidélité volontaire du crayon : un procédé plus rigoureux a été suivi. Il consiste dans l'application, sur le métal, d'une pâte de papier qui pénètre toutes les parties creuses et les reproduit en saillie : transporté sur du papier végétal, ce calque a été mis en regard de l'inscription, et des yeux experts ont comparé chaque ligne, chaque mot, chaque lettre, tenant note du moindre détail, et assujettissant l'artiste à l'obligation de rendre jusqu'au coup de burin du graveur romain.

Imiter ainsi le monument d'une manière absolue, telle est l'idée-mère de cette publication. C'était beaucoup, mais il y avait cependant quelque chose encore à faire : la lettre morte demandait un texte qui la rendît parlante. Le discours de l'empereur Claude a une si grande valeur, que cette Monographie a dû admettre comme une de ses parties les plus essentielles un double commentaire sur les deux éditions qui nous en ont été transmises par l'antiquité. Beaucoup de notes sont extraites de la remarquable dissertation de M. Charles Zell, auteur du seul bon écrit qu'on possède sur le bronze de Lyon; grand nombre d'autres sont empruntées aux éditeurs ou traducteurs de Tacite, depuis Juste-Lipse jusqu'à nos jours. Il importait de ne négliger aucun renseignement de nature à faire comprendre le texte, et de donner une saine critique pour guide à l'archéologie.

Cette Monographie est un acte de piété envers l'empereur Claude. Il ne nous appartient pas, à nous Lyonnais, du moins ici, de juger le concitoyen et le bienfaiteur de nos pères avec la sévérité de l'histoire. Nous n'avons à nous occuper que de l'immense service qu'il a rendu aux Ségusiaves, nos aïeux; et ce que nous nous proposons d'étudier, ce n'est pas le caractère de l'homme, c'est celui de l'acte important dont l'émancipation d'une partie considérable de la Gaule a été le résultat.

Une telle publication devait être conçue dans un esprit de nationalité, et non d'individualité; encouragée par un maire de beaucoup de capacité, M. E. Reveil, elle paraît au nom de la ville de Lyon. M. Reveil a voulu que la Monographie de la table de Claude reçût une place honorable dans les principales bibliothèques publiques de l'Europe, et fût présentée, de la part de la ville, aux plus célèbres des Sociétés savantes. Heureuse de s'associer à ce projet, l'Académie des Sciences, Belles-Lettres et Arts de Lyon a nommé, pour en prendre connaissance et pour en servir l'exécution, une Commission composée de MM. Comarmond, conservateur des antiques; Chenavard et Dupasquier, architectes; Vibert, professeur de gravure à l'École des Beaux-Arts; Grégorj, et Grandperret, secrétaire général.

Les six planches qui contiennent la table de Claude peuvent être réunies au texte, dont le format est le leur. On peut aussi les assembler, collées sur toile et enfermées dans un cadre : sous cette dernière forme elles reproduisent de la manière la plus exacte l'antique monument. Aucun travail sur les inscriptions n'a le caractère de cette Monographie; elle est une copie littérale du bronze, et non une traduction. Le savant livre de Mazzochi donne les tables d'Héraclée par le procédé, assez généralement infidèle et toujours fort peu satisfaisant, de la réduction; on n'a pas fait autrement soit en Italie, soit en Allemagne; il n'y a pas de fac-similé dans le livre de Lama sur la table de Véleia. Comme les dimensions des lettres, dans le bronze lyonnais, n'étaient pas très considérables, il y avait possibilité de les rendre sans la moindre altération, en partageant chacune des deux colonnes en trois grandes planches : cette pensée a été comprise et bien exécutée par le graveur, M. Déchaud, et par l'imprimeur, M. Louis Perrin.

La table de Claude n'est point une page de l'histoire de Lugdunum; elle n'appartient pas exclusivement aux annales de cette partie considérable de la France qu'on appelait autrefois la Gaule chevelue; c'est un monument d'un intérêt général et dont toutes les nations civilisées doivent revendiquer l'étude. Ainsi, ce n'est point une question de localité qui est traitée dans cette Monographie, nous l'avons conçue dans un esprit plus large, et nous nous sommes proposé, en l'écrivant, non-seulement d'entourer de quelque illustration le premier âge de la ville de Lyon, mais encore de concourir aux progrès de l'archéologie.

Avant d'examiner le sens du discours de l'empereur Claude, il convient de faire l'histoire du monument qui l'a restitué.

I

§ I. Vers la fin du XVᵉ siècle, probablement en 1470, un imprimeur, Vindelin de Spire, publia, à Venise, la première édition des œuvres de Tacite, retrouvées depuis quelques années. On ne possédait qu'un très petit nombre de manuscrits, tous en mauvais état, des ouvrages du plus célèbre des historiens latins; le pape Léon X paya cinq cents écus celui que le receveur Archimbold avait découvert en Westphalie. Les premiers livres des Annales ne devinrent publics qu'en 1515.

Il y avait, dans le onzième, une page bien importante pour l'histoire des Gaulois : c'était un discours de l'empereur Claude au sénat, en faveur de ce peuple. Né à Lugdunum, Tiberius Claudius sollicitait pour ses compatriotes le droit aux honneurs et tous les privilèges de citoyens romains; jusqu'au XVIᵉ siècle, personne, à Lyon, ne paraît avoir connu ce fait si remarquable. Le discours de Claude était, dans Tacite, une page éloquente; mais ne devait-il rien à l'admirable talent de l'historien? était-ce bien là le langage de l'empereur, et la parole peu renommée de Claude n'avait-elle pas été embellie? Tacite ne pouvait-il pas avoir prêté au chef de l'État des pensées que celui-ci n'avait point eues? Une découverte singulière, faite bien peu d'années après l'impression de la première édition du onzième livre des Annales, vint décider la question.

Au mois de décembre de l'année 1527 [1], un habitant de Lyon, nommé Roland Gerbaud, travaillait la terre dans sa vigne sur la colline Saint-Sébastien; la bêche heurta un corps dur, et le choc fit entendre un son métallique : Gerbaud creusa plus avant, et mit à nu deux tables ou pièces de bronze dont l'une des faces était entièrement recouverte de mots latins; il trouva, près de ces grandes plaques, des ossements d'enfant et un ossuaire en verre. Cette exhumation fit quelque bruit; il y avait alors, à Lyon, des savants distingués, entre autres Claude Bellièvre. Déjà le goût des inscriptions antiques avait beaucoup de vivacité; à peine Bellièvre eut-il épelé les premières des lettres gravées sur l'airain, qu'il reconnut un discours prononcé à Rome dans le sénat par l'empereur Claude, et rendu public par l'impression depuis très peu d'années. Par un hasard heureux, Gerbaud venait de rendre un grand service à l'archéologie; un seul point lui importait, c'était d'y gagner quelque chose. Cet homme mit en vente ses morceaux de bronze, et les garda quatre mois sans réussir à s'en défaire. Claude Bellièvre eut la bonne pensée d'en faire l'acquisition pour la ville, mais craignant de payer trop cher s'il faisait connaître son intention, il marchanda comme s'il eût voulu acheter pour son propre compte. Un de ses collègues du Conseil municipal, Hugues de La Porte, l'aida de son mieux, et, après quelques pourparlers, le marché fut conclu. Roland Gerbaud leur vendit ses plaques de bronze cinquante-huit écus au soleil; elles pesaient six cent trente livres : ainsi on ne les achetait guère qu'au prix de la valeur matérielle du métal; un fondeur en cuivre en eût donné trente-quatre écus. Il fut stipulé dans le marché, que si Gerbaud venait à découvrir quelque part dans son vignoble la partie de l'inscription qui manquait, il la céderait aussitôt à la ville au prix courant; et les deux conseillers se réservèrent le droit de faire des fouilles à leurs dépens, sous la condition d'indemniser Gerbaud du dommage qu'ils pourraient lui causer.

---

1. — La page des registres des Actes consulaires qui concerne l'acquisition faite au mois de mars 1528, et au nom de la ville de Lyon, de la table de Claude, a été publiée pour la première fois dans les Nouvelles archives du Rhône, II, 39. Elle commence ainsi : 12 mars 1529 (1528, v. s.). « Messire Claude Bellièvre a proposé que depuis quatre ans en ça, un nommé Roland Gerband, etc. » Puisqu'il y avait quatre années, en 1528, que le bronze avait été exhumé, la découverte remontait évidemment à 1524; cette observation, je l'ai faite dans mon Histoire de Lyon (p. 95, note 2), et d'autres l'ont reproduite. Au moment de mettre sous presse cette Monographie, j'ai voulu voir le texte original des Actes consulaires; il m'a été obligeamment communiqué par M. Grandperret, archiviste de la ville, et j'ai lu : « Le dit messire Bellièvre a proposé que depuis quatre mays en ça un nommé Roland Gerband, etc. » Ainsi la découverte de la table de bronze a eu lieu non en 1524, mais au mois de décembre 1527. Je reproduirai bientôt l'acte officiel vérifié sous mes yeux, et certifié par M. l'archiviste : le mot mays est parfaitement lisible.

Ce fut le 12 mars 1528 que Bellièvre proposa aux conseillers municipaux l'acquisition, pour la ville, des deux morceaux de bronze qu'avait rendus le sol de la colline Saint-Sébastien. L'inscription, dit-il, était un glorieux témoignage de la dignité des anciens Lyonnais; il importait beaucoup, à ce titre, d'en rendre la ville propriétaire. Sa proposition fut agréée; on souda les deux morceaux l'un à l'autre, et la table d'airain ainsi restaurée fut scellée contre le mur d'une des salles de l'ancien Hôtel-de-Ville, situé, comme on sait, derrière l'église Saint-Nizier [1]. L'inscription suivante fut placée auprès du monument antique, lorsqu'on l'eut transporté, en 1657, sous le vestibule du nouvel Hôtel-de-Ville, construit par Simon Maupin.

LVD · XIV · F · ET · NAV · REG · CHRISTIANISSIM · FEL ·
REGNANTE · HOC · DIVI CLAVDII ROM · IMP · LVGD · NATI
PRO IVRE CIVITAT · GALLIAE COMATAE IN SENATV DICENTI ·
AD SEN · LVGD · COL · PERTINENS MONVMENTVM · AENEIS
HIS DVABVS TABVLIS INSCVLPTVM · PERILLVSTRISS
VIR · IAC · GVIGNARD S · PRAEFECTI VICECOMES REGIAE
MAIESTATI A SANCTIORIBVS CONSILIIS · IN SVPREMA
VECTIGAL · CVRIA APVD · DELPHINATES PRAESES
ITERVM PRAEF · MERCATORVM IVSTIN · CROPET EQVES
D · DIRIGNI PVB · VIIS · PONT · ET PORT · PRAEF · NAT · COSTART
CIVIS P · BOILLOVD EQVES CONSIL · CONSIL · REGIVS ET ANTI-
QVIOR · CAVSAR · REG · PATRONVS P · RAMBAVD EQVES
D · DE CHAMPRENARD ET INTER NOBILES REGIS
MINISTROS ALLECTVS COSS · PVBLICI DECORIS ET
ANTIQVAE MAIEST · VRBIS INSTAVRATORES CAPPONI
CVRAR · AN · A CHRIST · NAT · M · DC · LVII ·

Bellièvre avait stipulé, dans son marché avec Roland Gerland, que la ville aurait le droit de faire faire des fouilles pour retrouver les fragments perdus de la table de Claude; ils ne devaient pas être très éloignés, si le monument avait été intact au temps où il avait été enfoui et brisé. Ces fouilles ont-elles été faites? on l'ignore; les registres consulaires se taisent sur ce point. On ne sait pas même d'une manière positive où était situé, sur la vaste colline Saint-Sébastien, le vignoble de Roland Gerbaud; c'était vraisemblablement à l'est et sur le versant qui porte aujourd'hui la rue du Commerce, mais ce n'est là qu'une conjecture. Depuis trente ans le sol de la colline Saint-Sébastien a été fouillé dans tous les sens et à des profondeurs considérables, pour la construction de rues nombreuses; on n'a rien retrouvé de la table de bronze.

---

1. — Voici en original le texte de cette transaction, tel qu'il est.

Extrait des registres des Actes consulaires.
Vendredy 12me Jour de mars 1528 en lostel commun, de matin;

MM. Claude Bellièvre, docteur Benoist Rochefort, Anthoine Senneton, Hugues Delaporte, Lyonard Montaignat, André Du Cerbene, Jehan Meaugy, Rolin Faure, feurent presens.

Le dit messire Bellièvre a proposé que pris quatre Ioys en ca ung nommé Roland Gerbaud de ceste ville de Lyon faisant myner une sienne vigne en la couste St Sebastien a trouvé deux grandes tables doreys ou cuivre antiques et toutes escriptes, lesquelles sont en vente et sont enviées par plusieurs personnes qui ont pouvoir de largement despendre a dit aussi que les a venes et que a son jugement ce sont antiquailles aussi belles que gueres se trouvent et que sont dignes destre par la ville retirées pour estre affigées en quelque lieu a perpetuelle memoire mesmement que en icelles lames et tables y a parolles servans a congnoistre lancienne dignité de ceste ville de Lyon et que pour ces causes il a traicté avec le dit Roland pour avoir lesd. tables faignant toutteffoys que cestoit pour luy mesmes a ce que icelluy Roland ne teint le pris plus roydde sil sentoit que la ville eust desir les avoir et tout a fait avec le moyen et ayde du sieur Hucgues Delaporte que icelluy Roland sest joinct a les bailler pour cinquante huit escus soleil que ne seroit grande despence a la ville veu que le metail qui poyse six quintaulx trente livres vault a fondre trente deux ou trente quatre escus et auroit la ville non sans cause grand regret sl lesd. pieces estoient transportées ailleurs ou si elles tumbedent en main de quelque ung qui par faulte dentendre que cest les mist en fonte et que si elles demeurent icy et seront affigées en lieu ou les gens savans en puissent avoir la lecture ce sera grande consolation aux gens de la ville quant ils verront ung certain tesmoi-

gnage de la dignité de leurs majeurs et servira daiguillon a vertu pour imitation des aujours et davantaige grand honneur a toute la ville pour ce que quant les hauts seigneurs et autres personnaiges par cy passans verront que la ville tient bon compte de lantiquité qui est a venerer et des choses dartes auront leurds passans presomption vehemente que ladite ville est munye de gens de bien. Quoy ouy MM. les conseillers ont advisé daller ensemble veoir les dites lames lesquelles ils ont venes en ce mesme instant et avoir entendu et sceu que le dit Roland ne veult relaisser aucune chose de la dite somme de cinquante huit escus soleil, ont pour la ville retenu lesd. tables pour les causes susdites lesquelles sur le champ ils ont fait apporter en lostel commun ou elles seront affigées en lieu ainsy que par cula sera par cy apres advise et pour ce ont ordonné estre baillé au dit Roland icelle somme de cinquante huit escus pour l'achapt desdites deux tables dont a este passé mandement avec acte que icelluy Roland promettra par serment que sil retreuve les pieces ou tout ou en partie qui par rupture sont distraictes dicelles tables, il les dellivrera incontinant a la ville en recevant tant seullement la valleur du metail a lestime commune, avec aussi acte que si mesdits seigneurs les conseillers veullent faire chercher lesdites tables au fond en ont esté trouvé lesd. tables faire le pourront a leurs despens et desdommaigeront le dit Roland si aucun dommaige il supportoit pour la dite cherche.

En ce mesme instant est survenu le cappitaine Jehan Sala qui a consenti a la dite ordonnance.

Pour copie conforme au registre des Actes consulaires de 1528; Lyon, le 1er juillet 1840.

L'archiviste de la ville de Lyon,
C.-L. GRANDPERRET.

La table de Claude demeura sous le vestibule de l'Hôtel-de-Ville pendant cent cinquante années, dans un lieu très mal éclairé; on pouvait bien la voir, mais non la lire. Quoiqu'elle fût exposée à des accidents de toute nature, elle n'éprouva pas d'avarie sensible, même pendant le siège. Après le rétablissement de l'ordre, et sous la mairie de M. d'Albon, on la transporta au Musée des antiques, armoire n° 2, et on la connaît à la garde d'Artaud. Elle n'y resta que quelques années; lorsque le Musée tumulaire eut été formé sous les arcades du palais Saint-Pierre, le conservateur des antiques eut la malheureuse idée d'y faire placer la table de Claude (arcade V). Plaquée à une grande hauteur contre un mur humide, elle ne peut être lue qu'avec une extrême difficulté, et elle est exposée à une oxidation incessante qui rongera, en peu d'années, la feuille métallique très mince dont elle est formée : ses voyages ne sont certainement pas terminés.

On a pensé qu'il convenait d'en faire la décoration principale de la grande salle, restaurée, de l'Hôtel-de-Ville; l'ornementation de cette immense pièce serait mise en harmonie avec la plus précieuse de nos antiquités nationales, et aurait pour objet particulier de la faire valoir. Mais un incendie a déjà dévoré la grande salle de l'Hôtel-de-Ville (sans parler de celui qui consuma les peintures de Thomas Blanchet, vers le milieu du XVIIe siècle); si la table de bronze eût été placée dans ce lieu, elle aurait été fondue par la flamme et il n'en resterait pas aujourd'hui vestige. Ce monument doit retourner au cabinet des antiques; il y sera fort bien. Comme document historique, il pourrait être déposé aux archives; mais la salle des archives, à l'Hôtel-de-Ville, n'est point un musée que puissent fréquenter chaque jour les étrangers et les archéologues. Dans le cabinet des antiques, la table de Claude sera entourée de monuments contemporains, et ne courra aucune chance de destruction par l'oxidation ou l'incendie.

Étudions maintenant le monument dans ses conditions matérielles, avant de chercher à en pénétrer le sens.

§ II. La table de Claude, telle qu'elle existe aujourd'hui, est un carré long; elle a, en hauteur, un mètre trente-quatre centimètres, en largeur, un mètre quatre-vingt-treize centimètres; et elle pèse trois cent quinze kilogrammes. Cette lame de bronze est fort mince; une cassure inégale la partage en deux parties réunies au moyen d'une soudure et de clous, dont on voit parfaitement la trace. En haut de même qu'entre les deux colonnes, la soudure métallique supplée aux lacunes et donne à l'ensemble du monument de l'unité et de la régularité. On sait que la partie supérieure manque; au-dessus de la première ligne, lisible à peu près dans toute sa longueur, sont quelques lettres isolées et des fragments de lettres.

Quoique l'exécution ne soit pas d'un très bon style, on reconnaît cependant dans la forme des lettres les caractères de la meilleure époque, ceux du siècle d'Auguste : l'O est bien arrondi, le P n'est pas entièrement bouclé, tandis que les B et les R le sont. Le travail n'est point partout le même, et il y a une différence sensible entre le commencement et la fin. Soit que le graveur en avançant se soit fatigué, soit qu'il y ait eu deux ouvriers d'un talent inégal, on remarque visiblement de la négligence vers la fin de l'inscription; les lettres ont moins de correction et de fini. Les signes de séparation des mots ne sont pas des points arrondis; ils ont la forme de virgules ou de coins allongés, et sont placés après chaque mot ou à peu près, à la suite de la dernière lettre, et quelquefois dans la partie moyenne des lettres qui ont une courbe, comme l'O, le C, le G, le D : on ne doit pas les confondre avec les accents posés au-dessus des voyelles longues, et du reste en assez petit nombre. Il n'y a pas de points à la fin des lignes, ce qui est fort digne de remarque. L'absence des points à la fin des lignes, bien qu'ils existent entre les mots, est un signe de la légitimité et de l'antiquité du monument; aussi les hommes compétents en cette matière tiennent-ils pour suspectes les inscriptions dans lesquelles un point termine la ligne. [1]

L'empereur Claude était grammairien, il a enrichi l'alphabet latin de trois lettres de son invention, qu'on devrait trouver dans un discours gravé sur bronze à titre d'acte public; on ne les remarque cependant pas dans le monument lyonnais, dont l'orthographe, comme le fait remarquer M. Zell, n'a rien d'inusité, à quelques particularités près de peu d'importance. Claude, qui était très vain de sa science, devait tenir beaucoup à faire perpétuer sa découverte par des monuments publics; plusieurs la présentent en effet, mais la mesure ne fut pas générale. On a des titres publics de cet âge exécutés dans Rome, et sur lesquels il n'y a aucune dérogation à l'ancien usage; on ne doit donc point trouver étonnant qu'on ait agi de même pour des inscriptions exécutées dans les provinces ou pour les provinces. [2]

---

1. — Tel est l'avis de Marini (*Ars critica lapid.*, pag. 212-214). Ce motif de suspicion acquiert de la certitude lorsqu'on examine des monuments dont l'autorité ne saurait être mise en doute. Voyez *Museum Veronense*, p. 221, n° 4; Fabretti, *Inscriptiones*, p. 117; Haverkamp, *Observationes criticæ*, apud Oudendorp, vol. II, p. 364. (Note de M. Zell.)

2. In publicis quidem instrumentis has litteras Claudianas curiose usurpatas esse et per se patet et Tacitus cum Suetonio affirmat. (Tacit., l. : Claudius tres litteras adjecit, quæ usui imperitante eo, post oblitteratæ, aspiciuntur etiam nunc in ære publicandis plebiscitis per fora ac templa fixo. — Sueton., l.)

N'y a-t-il eu qu'une seule table pour reproduire le discours de Claude? S'il y en a eu plusieurs, quel était leur nombre? diverses conjectures ont été émises sur ce point.

§ III. Le monument tel que nous le possédons aujourd'hui est une table ou plaque unique, mais il ne faut point oublier qu'on l'a retiré du sol brisé en deux fragments : on voit très distinctement les traces de la cassure. Nous ne possédons pas certainement toute l'inscription; la partie supérieure de chacune des deux colonnes dont elle se compose aujourd'hui manque d'une manière évidente, et la première ligne est formée de fragments de mots ou de lettres que suit une phrase incomplète : il y avait donc autre chose, et la table présentait une hauteur plus considérable. Mais ce qui manque en ce sens complétait-il toute l'inscription, et n'y avait-il rien de plus dans le sens de la largeur? c'est ce qu'il convient d'examiner.

L'inscription devait contenir tout le discours de Claude au sénat, et le sénatus-consulte qui en fut la conséquence. Dans ce qui nous est demeuré du monument, le décret du sénat manque en totalité, et le discours de l'empereur n'est pas entier : ainsi une partie considérable des paroles que Claude a prononcées n'existe plus.

On a déterré en 1528 ou vers la fin de 1527, en deux pièces, la plaque dont nous sommes aujourd'hui possesseurs, et on donna dès lors le nom de tables à ces fragments. Le procès-verbal de la séance consulaire dans laquelle il fut question de l'acquisition du monument par la ville, dit en termes exprès : « On a trouvé deux grandes tables de cuivre ou d'areyn « antiques et toutes escriptes, lesquelles sont en vente. » Ainsi dès lors chacun des morceaux fut pris pour une table, et comme il y avait deux fragments, on dit qu'il y avait deux tables de bronze. Quand la ville fut devenue maîtresse du monument, on réunit et on souda l'une à l'autre les deux pièces de métal, de manière à en faire pour toujours une plaque unique; mais on continua a dire les deux tables de Claude, habitude qui fut généralement suivie depuis le xvi siècle. Comme l'inscription, telle qu'elle existait, était disposée sur deux colonnes, chacune de ces pages fut considérée comme une table et l'usage persista, sans grand inconvénient. Il est infiniment probable que le monument complet, tel qu'il sortit de la main des ouvriers, ne formait qu'une seule plaque ou table sur laquelle le discours et le sénatus-consulte avaient été gravés sur quatre colonnes, trois pour le discours et une pour le décret du sénat. Nous n'avons pas le commencement et sans doute aussi la fin du discours; le sénatus-consulte manque en entier : ainsi nous sommes privés de la tête des deux colonnes qui sont parvenues jusqu'à nous, et des deux colonnes qui suivaient; elles auraient toutes, sans doute, une hauteur égale. A l'exemple de mes prédécesseurs, j'ai dit dans l'Histoire de Lyon, les deux tables de Claude, en faisant comme eux du mot table un synonyme du mot page ou colonne: rien n'est moins important. Artaud, dans son Lyon souterrain, se sert deux fois de cette expression : la table de Claude; M. Michelet a parlé aussi du monument dans le sens de l'unité. Au point de vue littéraire, l'inscription complète, partagée comme elle a dû l'être en trois pages, peut être considérée comme une table; mais le sénatus-consulte, fort distinct du discours, en était une autre. Ceux-là, prenant la totalité de l'inscription comme un monument unique, disent la table de Claude; ceux-ci, ayant égard au nombre des colonnes ou pages qui subsistent, disent les tables claudiennes; et les uns et les autres s'entendent parfaitement sur le fond de la question.

Les deux colonnes, pages ou tables, ont-elles été soudées selon l'ordre du discours? M. Zell a émis quelque doute sur ce point. Selon lui, la première colonne ou colonne de gauche devrait être à droite, et la seconde ou colonne de droite devrait être à gauche [1]. Il n'est pas temps encore d'étudier la coordination des idées dans le discours impérial, et je dois me renfermer ici dans la description matérielle du monument. Voici ce qu'elle oppose à la conjecture de M. Zell : la première colonne a son bord extérieur (à gauche) parfaitement net, libre et droit dans toute sa hauteur; rien n'y manque, et il n'y a pas la moindre trace de soudure ou de cassure; il est donc aujourd'hui ce qu'il a toujours été. Il n'en est pas de même du bord intérieur ou droit de cette même première colonne, on y aperçoit des inégalités ou lacunes : ainsi il était continué par quelque chose. Le bord intérieur ou gauche de la seconde colonne est libre ou lisse aussi; on tirera de ces détails les

---

Exstat talis scriptura in plerisque libris ac diurnis, titulisque operum). Neque hodieque monumenta desunt, hujus inventi vestigiis insignita; sed et alii ejusdem aetatis tituli supersunt, imperatorii capitis inventum, sed communis consuetudo usurpatur. Quamquam que publica et in urbe ipsa conferti, qui vulgarem consuetudinem servant, ut Aquae quod superest exemplum, non Claudianae aetatis est, sed posteriori tempore de tabula Claudiae inscriptio in porta Naevia (ORELL. n. 54), et tabula honestae missionis (ibid., 2662). authentica transcriptum. (ZELL, p. 8.)

Quod si igitur litterae Claudianae vel in titulis publicis auctoritate positis non ubique admittebantur, quid mirum si idem in provinciis factum videmus? Cf. ORELL. Collectio, n. 648, 708, 713. — Eadem ratio est, quod et in hac Claudiano exemplo Lugduni non

1. — L'ordre de position des colonnes n'est pas indiqué par des numéros ainsi pour la table d'Héraclée; on aperçoit très distinctement, en effet, le chiffre III sur un des fragments qui sont parvenus jusqu'à nous.

inductions qu'on jugera convenables. Un autre ordre de considérations m'appelle : en quel lieu fut placée d'abord la table claudienne, et quelles conséquences doit-on déduire du lieu dans lequel elle a été trouvée?

§ IV. La table de Claude a passé par bien des vicissitudes avant d'arriver jusqu'à nous; elle a nécessairement suivi la fortune de Lugdunum, que tant de catastrophes ont assailli depuis sa naissance jusqu'au XVIe siècle. Ce qui doit étonner, ce n'est pas la perte d'une partie de ce monument, c'est qu'il nous en soit resté quelque chose.

Où fut-il placé d'abord? dans l'un des édifices de la ville romaine sur le plateau de Fourvière, au forum, ou dans le palais des Césars? Deux considérations ne permettent pas de le penser, ou du moins autorisent des doutes. Le lieu dans lequel le monument a dû être érigé, au temps de l'empereur Claude, c'était celui qu'habitaient les hommes qu'il concernait; mais, comme on le verra plus tard, le discours de Claude eut pour objet, non les intérêts des colons romains de Lugdunum, mais ceux de la population gauloise : pourquoi dès lors aurait-on placé le bronze dans la ville romaine? S'il y avait été jamais, il n'en subsisterait pas vestige aujourd'hui; en effet, un incendie détruisit en entier Lugdunum sous Néron, l'an de Rome 811 : il anéantit si complètement cette ville, que le lendemain on cherchait l'emplacement sur lequel elle avait été bâtie : palais, maisons particulières, théâtre et monuments de toute sorte disparurent dans le commun désastre. Après dix-huit siècles, on trouve encore en grand nombre, lorsque l'on creuse le sol de la montagne, les preuves matérielles de l'incendie : là, des fragments de mosaïque, de serpentine, de briques et de marbres, évidemment calcinés; ici, d'antiques lampes de bronze à demi-fondues, des poutres brûlées, des amas de charbon ou de grenaille de plomb, restes des tuyaux liquéfiés par le feu. Comment la table claudienne aurait-elle échappé à l'incendie? elle avait donc été déposée autre part; elle n'était donc pas à Lugdunum.

C'est sur un des versants de la colline Saint-Sébastien qu'elle a été retrouvée; ce fut là sans doute qu'on la plaça d'abord, au milieu d'habitations ségusiaves, en dehors de la colonie romaine qu'elle n'intéressait en aucune façon, parmi ces Gaulois dont elle avait émancipé les principaux personnages, et sans doute dans un temple particulier. On ne peut aventurer sur ce point que des conjectures plausibles. Quoi qu'il en soit, selon les probabilités, elle a été enfouie de très bonne heure, à la suite de quelque accident, sans doute au temps de la ruine de Lugdunum par l'ordre de Sévère, vainqueur d'Albin. Si la table de Claude, placée dans un lieu apparent, eût existé du IVe au XIIe siècle, comment aurait-elle échappé? on l'aurait brisée, fondue et vendue; elle aurait été convertie, comme tant d'autres monuments de la même sorte, soit en monnaie, soit en ustensiles de ménage. Dans ces temps barbares personne assurément n'aurait pris le moindre intérêt à sa conservation, et elle eût été pour beaucoup un objet de convoitise. Enseveli dès le IIe siècle sous une couche épaisse de terre, le bronze précieux a dormi jusqu'en 1528 : quelque catastrophe soudaine l'avait fait disparaître, un hasard heureux nous le rendit.

C'est sur la colline Saint-Sébastien qu'il a été retrouvé; le savant Pierre de Marca a déduit de ce fait la conséquence que le vieux Lugdunum avait été bâti non sur la colline de Fourvière, mais sur la colline de Saint-Sébastien : « Atque adeo ea « in parte praecipuam fuisse coloniae sedem necesse est, quæ inter cætera suæ urbis decora hanc orationem in æs incisam « more solito in sua curia tunc reposuerit, in eodem praeterea clivo vinearum fossores, et ii qui domum fundamenta moliuntur, « incidunt in antiquos nummos, veterum principum vultu signatos. » Menestrier a combattu cette opinion de P. de Marca : « Les « deux tables de bronze trouvées sur la montagne Saint-Sébastien ne prouvent pas, dit-il, que Lyon ait été bâti en cet « endroit, mais seulement qu'elles y avaient été conservées peut-être dans quelque temple consacré au génie de Lyon, ou « à quelque autre divinité (Hist. de Lyon, page 9). » Ce n'est point ici le lieu de démontrer, longuement du moins, que la colonie romaine de Lugdunum fut établie, non sur la colline Saint-Sébastien, mais sur celle de Saint-Just et de Fourvière. Ce fut sur le plateau élevé de l'ouest que vinrent aboutir les aqueducs dont les restes subsistent encore : là se trouvaient le forum, le palais impérial, et la ville qu'un incendie détruisit en une seule nuit sous Néron; le témoignage de Sénèque est formel. Il y avait sur la colline Saint-Sébastien de nombreuses habitations ségusiaves, une naumachie sur le versant dont le Jardin des Plantes occupe une partie; on y voyait peut-être encore un temple, celui dans lequel on avait placé la table claudienne, mais ce n'était pas Lugdunum.

Quel était le caractère de l'érection du monument qui nous a conservé la parole de Claude? A-t-il été un acte spontané et privé de la reconnaissance des Gaulois, ou ne faut-il voir en lui que l'accomplissement officiel et très commun d'un acte public?

§ V. L'imprimerie n'existait pas chez les peuples civilisés de l'antiquité, ils avaient cependant des lois, des traités d'alliance, de nombreux actes administratifs qu'il leur importait beaucoup de rendre publics et de conserver. A défaut du Moniteur et du Bulletin des lois, ils gravaient les actes publics et les discours des princes sur des tables de pierre ou de bronze, et exposaient ces monuments dans des lieux très fréquentés, tels que les temples : là, tout le monde pouvait prendre connaissance de décrets devenus obligatoires pour tous. Cet usage remonte à la plus haute antiquité; on le retrouve chez les Égyptiens, chez les Phéniciens, chez les Étrusques; bornons-nous à voir ce qu'il fut chez les Romains, et encore en nous limitant à l'étude particulière de la table de Claude.

Les Romains firent grand emploi de ce moyen de conservation et de publicité, non-seulement pour la ville de Rome, mais encore pour leurs colonies, pour les municipes, pour les alliés et pour leurs relations avec les peuples conquis; en 504 de la fondation de Rome ils eurent un corps de lois entièrement gravées sur bronze [1]. Ce métal était d'un usage plus général que la pierre; il était moins lourd, moins embarrassant, et occupait moins de place; mais malheureusement le bronze pouvait servir à beaucoup d'usages, il avait une valeur constante, un emploi facile : c'est ce qui explique comment, de tant de milliers de tables de bronze, il en est si peu qui soient venues jusqu'à nous. [2]

Sous les empereurs, l'usage des tables de bronze pour la publication des actes législatifs reçut une application nouvelle; on y recourut pour conserver et répandre les discours prononcés par le prince devant le sénat, et bientôt considérés eux-mêmes comme ayant force de loi. Quand l'empereur exerçait le consulat ou la puissance tribunitienne, il usait du droit de s'adresser au sénat assemblé; s'il était absent ou retenu par un empêchement quelconque, il pouvait faire lire ses discours par les questeurs particuliers qu'on nommait les Candidats du prince (*Candidati principis*). Pendant les premiers temps de l'empire, les discours du prince n'eurent force de loi qu'autant qu'ils étaient confirmés par un sénatus-consulte; mais l'autorité du sénat s'effaça peu à peu et de plus en plus devant la prépondérance toujours croissante du prince. L'approbation et la confirmation du sénat ne devinrent plus qu'un vain simulacre, et, soit qu'ils eussent été envoyés à ce corps déchu et lus par un questeur, soit qu'ils eussent été lus par le prince en personne, les discours impériaux eurent toute la puissance d'une loi [3]. Il y en avait de deux sortes : ceux-là étaient brefs, et désignaient seulement en quelques paroles les principaux sujets qu'allait traiter et développer le sénatus-consulte; ceux-ci étaient longs, raisonnés comme un plaidoyer, faisaient connaître les motifs de la loi demandée, et étaient accompagnés d'un sénatus-consulte fort concis : c'est à cette classe de discours impériaux que doit être rapporté celui de Claude en faveur des Gaulois. Si le discours était une loi générale, on conservait le

---

1. — Le Capitole renfermait trois mille tables d'airain qui contenaient les actes du sénat et du peuple; quelques-unes, telles que la loi Julia contre les extorsions, avaient plus de cent chapitres (Suétone, *in Vespas.*, 8) : elles pouvaient donc avoir un très grand volume. Ces tables étaient fixées par des clous en fer contre les murailles, dans un lieu bien exposé à la vue. L'usage d'écrire sur le bronze fut borné d'abord aux constitutions, aux lois et aux actes publics; on l'étendit plus tard à d'autres pièces. On écrivait la minute en rouge ou en noir sur une tablette blanchie (*Album*) ; le projet de loi était lu au sénat (*recitari ex albo*); et, quand les formalités légales avaient été observées, on faisait graver le décret sur une table de bronze, et celle-ci était portée au temple et scellée contre la muraille. On conservait dans le temple de Saturne la minute originale (*Album ronilere*) ; quand ces lois étaient abolies, on enlevait les tables de bronze, et on disait alors *refigere leges*. (Lana, 103.)

Lorsque l'empereur Claude eut prononcé son discours sur les Gaulois et que le sénatus-consulte eut été rendu, ces deux actes publics furent remis à l'ouvrier graveur, et, le travail de celui-ci achevé, Rome envoya la table à la province pour laquelle elle avait été faite. Arrivée chez les Ségusiaves de Lugdunum, elle fut clouée contre un mur dans un lieu public qui fut sans doute un temple.

2. — M. Lana a donné la liste de toutes les inscriptions législatives gravées sur pierre ou sur bronze qui sont parvenues jusqu'à nous, soit à l'état de *fragments*, soit en entier. Les plus célèbres sont la table de Claude, les tables d'Héraclée et la table alimentaire de Veleja, dite Trajane. Découvertes en 1732 dans la Lucanie, les tables d'Héraclée ont été *séparées* pendant quelque temps; une partie était à Londres, l'autre à Naples : on les réunit enfin en 1760. Elles sont le sujet du savant ouvrage du Mazochi : *Commentariorum in regii Herculanensis Musei aeneas tabulas Heracleenses Pars* I, II, *Neapoli, Gessari*, 1755, in-fol. — Ces tables d'Héraclée sont un véritable corps de pandectes ou lois municipales; une partie est en grec, l'autre en latin.

Voici ce que dit M. Lana de la table de Claude : « L'Orazione recitata nel senato sul finire dell'ottavo secolo di Roma da Claudio Augusto come censore a favore di Lione sua patria, chiedendo che si volesse annoverarla tra le colonie romane, può considerarsi come un epilogo della storia romana sino a quell'epoca. È scritta sopra due tavole di rame delle quali « tavole sicuramente la prima, circoscrivendosi che l'Orazione non ha principio, e contenere « probabilmente una quarta, nella quale pare che dovesse essere espresso il decreto del senato. « Queste tavole, ritrovate colà ne' colli di S. Sebastiano nell'anno 1528, furono, non v'ha « dubbio, fatte incidere da' Lionesi per attestare la loro gratitudine all'imperatore; e non è « da supporre che esse conservasse copia in Roma. Furono date in luce primieramente da « Lipsio, indi dal padre di Colonia. » (Lana (*Pietro sc.*). *Tabula alimentaria Velejana*, p. 99). Il y a plus d'une inexactitude dans ce peu de lignes. Claude ne demande pas pour la ville de Lugdunum le titre de colonie romaine, elle le possédait déjà : il sollicita le plus important des droits politiques, non pour les colons de Lugdunum, mais pour les Gaulois. Enfin, la reconnaissance des Lyonnais ne fut vraisemblablement pour rien dans l'érection de la table de bronze.

Hugo a publié une traduction en allemand du grand travail de Mazochi sur les tables d'Héraclée et une traduction dans la même langue de la table de Veleja, trouvée en 1760 dans les ruines de cette ville et conservée dans le musée de Parme. Zimmern, dans son Histoire du droit privé chez les Romains jusqu'à Justinien, parle des tables de Veleja et d'Héraclée, et ne dit rien de la table de Claude qui appartenait moins à son sujet. (Zimmern (Sigmund Wilhelm), Geschichte des römischen Privatrechts bis Justinian. *Heidelberg*, 1826, erster Band, 9.)

3. — Zell (*Car.*). Claudii imperatoris Oratio, p. 9, 10.
On voit par le témoignage de Pline qu'il n'était pas moins d'usage de graver sur le bronze les discours des princes que les sénatus-consultes eux-mêmes : « Sed quid singula consector et « colligo? quam vero aut oratione complecti, aut memoria consequi possim, quae victor « ne qua interciperet oblivio et in publica acta mittenda et incidenda in aere « Ante orationes principum tantum ejusmodi genere commemoratorum mandari aeternitati sole-« bant : acclamationes quidem nostrae particulae curiae claudebantur. » (Plin. *Paneg r.*, 75). M. Zell cite avec raison comme un exemple notable de ce genre d'adulation la décision que prit le sénat de faire graver un discours de Néron, non sur une plaque de bronze, mais sur une table d'argent. Ce ne fut point tout : les consuls reçurent l'ordre de lire ce discours devant le sénat, chaque année, lorsqu'ils entraient en magistrature.

bronze à Rome; s'il n'intéressait qu'une colonie ou une ville municipe, la table était envoyée à cette ville municipe ou à cette colonie, et Rome n'en gardait pas copie [1] : c'est ce qui eut lieu au sujet de la question gauloise débattue par l'empereur Claude. Elle intéressait la Gaule chevelue; on plaça la table de bronze non dans Rome, mais chez les Gaulois. Il est probable qu'il y en eut plusieurs exemplaires, un pour Lugdunum, un autre pour la capitale des Eduens, seuls nommés dans le sénatus-consulte qui suivit le discours du prince. Toutes les villes principales de la Gaule chevelue, dont l'empereur venait d'émanciper les décurions et les plus importants citoyens, durent tenir à posséder le monument qui leur accordait les plus désirés des droits politiques; pourquoi Lugdunum aurait-il eu seul ce privilège? sa qualité de métropole des Gaules eût-elle été une raison suffisante, et Bibracte n'avait-il pas un titre plus légitime encore à la possession du discours impérial?

La reconnaissance des Gaulois si bien traités par Claude n'a donc été vraisemblablement pour rien dans l'érection de la table de bronze; on fit à Lugdunum ce qu'on faisait autre part. L'exposition de ces inscriptions métalliques dans un lieu fréquenté était le mode officiel de publicité qu'on employait alors pour les lois et pour les actes administratifs; à ce titre, la gravure sur bronze du discours de Claude ne fut que l'accomplissement, à Lugdunum, d'une mesure adoptée pour tout l'empire. [2]

Maintenant quel était l'état politique de Lugdunum, colonie romaine, et celui de la population ségusiave?

II

§ I. Pour déterminer avec précision le but du discours de Claude au sénat, les circonstances dans lesquelles il fut prononcé, et les conséquences qui en résultèrent, pour savoir positivement à qui profitèrent les concessions que le prince demanda et obtint, il y a une étude préalable à faire : quelle était la condition politique des Gaulois ségusiaves avant et après la conquête de leur pays faite par les Romains établis dans la cité nouvelle appelée Lugdunum? lequel, du peuple conquis ou du peuple conquérant, avait des droits à désirer, et quels étaient ces droits? Poser la question dans ces termes, c'est en rendre la discussion plus facile et préparer la solution du problème.

La confusion est grande, en effet, chez les auteurs qui se sont occupés de ce point de notre histoire nationale. Pour ceux-ci, Lugdunum est une ville municipe; pour ceux-là, c'est une colonie romaine : et ni les uns ni les autres ne se rendent bien compte de ce qu'il faut entendre par colonie et municipe. Tel écrivain admet, avant la conquête, une ville gauloise très florissante auprès du confluent du Rhône et de la Saône, sur l'une des collines de ce sol accidenté, et lui attribue une organisation civile différente de celle que possédait la ville nouvelle bâtie par Plancus sur le sommet de la colline occidentale : tel autre admet que le discours de Claude eut pour résultat de faire passer Lugdunum de la condition de ville municipe à la condition plus favorisée, selon lui, de colonie. Presque tous supposent que Claude demanda au sénat des droits politiques en faveur de Lugdunum, c'est-à-dire de la colonie romaine : selon des écrits plus récents, Claude sollicitait en faveur de la nation conquise, mais était-ce pour toute la nation gauloise, ou seulement pour l'élite de cette population, pour ses *principales*, mot qui a lui-même plusieurs significations? On voit combien la question est complexe.

Elle n'a pas même été soupçonnée par Menestrier et par Colonia (il n'y a rien à dire de Paradin, de Rubys et de Saint-

---

1. — Comment prenait-on copie des discours officiels des empereurs? Y avait-il dans le sénat des sténographes chargés de recueillir la parole du maître au moment même de son émission? rien n'est moins probable. Le discours du prince n'était pas improvisé; l'empereur le lisait ou le faisait lire; on pouvait donc en donner facilement copie à l'ouvrier graveur, et bien certainement Claude le grammairien ne négligea pas l'occasion de revoir son texte. Où fut gravé son discours en faveur des Gaulois? à Rome, ou à Lugdunum? ce fut sans doute à Rome; si on en fit une copie. s'il y en eut plusieurs exemplaires, on n'envoya certainement pas aux Ségusiaves la minute originale. Des graveurs sur bronze étaient les imprimeurs officiels ou impériaux de cette époque; ils reçurent immédiatement le discours, et firent, à son égard, ce qu'ils avaient l'habitude de faire pour les autres actes publics.

2. — Consulter, sur l'usage, chez les anciens, de graver sur pierre ou sur bronze les lois et les discours des princes, les ouvrages suivants : Lama (Pietro de). Tavola alimentaria Velejate, detta Trojana. restituita alla sua vera lezione. Parma, dalla stamperia Carmignani. 1819, in-4°. — Rasseu, Select. antiquit., t. 16. — Bosscha (C.-O.), Opuscula. Lugd.-Batav., 1678. — Buxtorfius, Antiquitat. jurispr. Illustrat., t. 2, 45. — Zachariae, Geschichte des römischen Privatrechtes, t. p. 1. — Bucannara (Alex.-Aug.). Dissertatio ad orationem divi Severi de prioribus mandandis. Regiomenti Borussorum, 1824. — Zell (Car.), Claudii imperatoris Oratio super civitate Gallis danda. Friburgi-Brisgov., Groos, 1833, in-4°. — ...sss, Commentatio Ueber die Reden der römischen Kayser und deren Einfluss auf die ...ratsgebung. Rheinischen Museum fuer Jurisprudenz, 1828.

Aubin). Au XVIe et au XVIIe siècle, les sources du droit romain étaient fort peu connues, et on ne savait guère chez nous, sur les colonies et sur les municipes, que ce qu'en avaient dit Pompeius Festus et Aulu-Gelle. Les historiens lyonnais du XIXe siècle n'allèrent pas plus avant; ils n'auraient eu, pour s'éclairer, que le travail estimable mais incomplet et insuffisant de Beaufort. Clerjon ne paraît pas avoir eu connaissance des recherches de Niebuhr et surtout de Savigny sur la question des municipes et des colonies; il n'en sait pas plus, à cet égard, que Menestrier. De nouveaux travaux, faits en Italie et en Allemagne, ont encore fait faire des progrès à cette partie de l'archéologie; l'histoire de Lugdunum doit se les appliquer, c'est à son point de vue que je les consulterai.

Les Ségusiaves, peuplade de la nation des Gaulois Eduens, habitaient un territoire fertile auprès du confluent du Rhône et de la Saône, dans le delta formé par la jonction des deux fleuves, limité au nord par le pays qui devint plus tard le diocèse de Mâcon, et étendu au-delà de la Loire jusqu'au versant des montagnes de l'Auvergne. Comme les autres peuples de la Gaule cisalpine, les Eduens avaient leur gouvernement propre et des institutions indépendantes. Toutes ces nations formaient une confédération libre; souvent en guerre les unes avec les autres, elles avaient un degré de civilisation avancé. La nation gauloise, a dit César, est industrieuse et très adroite à imiter et à exécuter ce qu'elle voit faire. Nos aïeux, les Ségusiaves, avaient un commerce assez étendu; leur barques sillonnaient la Saône jusqu'à une grande hauteur : de plus longs détails sur ce qu'ils ont été n'appartiennent qu'à l'histoire de Lyon.

Avaient-ils une ville principale, une cité florissante auprès du confluent du Rhône et de la Saône? Les Eduens possédaient une capitale, Bibracte, qui devint Autun; en était-il ainsi chez les Ségusiaves? N'y avait-il que des forêts dans leurs campagnes avant la fondation de Lugdunum? Quelques écrivains, qui ne pouvaient l'admettre, ont cru fermement à l'existence, sur notre sol, d'une ville gauloise antérieure de plusieurs siècles à Munatius Plancus. Ils ont affirmé qu'elle était enrichie de palais, d'amphithéâtres et de constructions splendides; on y frappait en monnaie l'or et l'airain, et il s'y faisait un grand commerce : c'était la capitale de la Ségusiavie, et une des villes les plus importantes de la Gaule transalpine. Le P. Menestrier appelle cette cité gauloise Lugdunum, et il la place sur le faîte des collines de Saint-Just et de Fourvière; dans son système, la ville romaine, la ville bâtie par Plancus, était située dans la plaine, au pied de la colline Saint-Sébastien, c'était Lugdunum.

Mais l'existence de cette vieille cité gauloise, antérieure de plusieurs centaines d'années à la fondation, par Plancus, d'une ville romaine, a été niée par d'irrésistibles arguments déduits de faits qu'on ne saurait contester; elle ne repose que sur des conjectures vagues et mal interprétées; aucun écrivain de quelque crédit, aucune inscription, aucun monument antique ne l'appuient. César, l'exact César, qui pendant dix années parcourut la Gaule dans tous les sens, et qui a nommé dans ses Commentaires tant de chétives bourgades, ne dit pas un mot d'une ville ségusiave vieille de plusieurs siècles, et qu'on a dit ornée d'aqueducs, d'amphithéâtres et de palais. Comment admettre une telle supposition? Sénèque a donné des renseignements fort exacts sur la ville romaine, mais il ne parle que de Lugdunum, et ne dit pas un mot de la ville gauloise placée tout auprès; cependant il a raconté l'incendie d'une ville unique, placée non dans la plaine, au pied de la colline Saint-Sébastien, mais sur une colline qui est manifestement celle de Saint-Just et de Fourvière. La cité gauloise, capitale du pays des Ségusiaves, n'a jamais existé : il serait aujourd'hui indigne de la critique de discuter la légende de Momorus et d'Atépomarus.

Mais s'il n'y avait pas dans la Ségusiavie, auprès du confluent du Rhône et de la Saône, une ville gauloise considérable antérieure à la conquête, on y voyait bien certainement grand nombre d'habitations disséminées (*vici*) sur le bord des deux cours d'eau et sur le versant des collines; peut-être même existait-il un *pagus* gaulois auprès de Lugdunum, colonie romaine. La Ségusiavie était un pays très peuple, et on y faisait un grand commerce : c'est dans cette situation que la conquête la surprit.

Jules César était parvenu au grand but de son ambition : il avait obtenu le gouvernement des Gaules et de l'Illyrie, et le commandement de quatre légions. La tâche qu'il avait entreprise était immense : il s'agissait de soumettre à la domination de Rome des nations belliqueuses et puissantes, qui avaient fait connaître cent fois aux armées romaines, par de funestes épreuves, la portée du javelot et la pesanteur du sabre gaulois. Cette guerre dura dix ans; elle eut pour résultat définitif et durable la conquête de la Gaule. L'habile lieutenant de César, Antoine, fit un assez long séjour au pays des Ségusiaves, auprès de la colline que Lugdunum devait bientôt couvrir. On connaît l'usage des Romains en pays conquis : ils s'emparaient du territoire qui devenait leur propriété, en gardaient une portion, et abandonnaient le reste aux populations indigènes. Dans ce qu'ils s'étaient approprié, il y avait la part de la *plebs*, celle des patriciens, et enfin celle de la République : on établissait les colonies sur la portion qui revenait à la *plebs*. Le partage s'étendait aux biens communaux, à moins qu'en leur qualité de domaine public ils ne fussent affectés en totalité à la communauté nouvelle. Quand il y avait une ville à la convenance de

Rome dans le pays conquis, Rome s'y établissait et se l'incorporait; s'il n'y en avait pas, elle en bâtissait une, lorsque son intérêt l'exigeait. Le peuple vaincu ne devenait jamais esclave; il conservait une partie de sa liberté, ses institutions, ses coutumes dans la portion considérable du territoire qui lui avait été laissée. Sa condition n'était pas trop mauvaise, elle devenait parfois prospère, et, servis par les circonstances, les vaincus parvenaient souvent à obtenir, en tout ou en partie, les droits politiques des vainqueurs.

Les Ségusiaves ont dû subir la loi commune; Antoine s'empara de leurs propriétés immobilières, et Rome prit possession de la partie de leur territoire qu'elle jugea le plus à sa convenance : il lui fut acquis pour toujours. Comme position militaire, elle devait faire choix du plateau qui couronne le faîte de la colline qu'on appela, plus tard, Saint-Just et Fourvière : c'est ce qu'elle fit en effet. Mais les Romains ne s'adjugèrent pas seulement cette partie resserrée de la Ségusiavie, leurs possessions s'étendirent fort avant dans les terres : c'est là que s'établirent les vétérans et, après la mort de César, quelques-uns des principaux fonctionnaires de l'empereur. Ainsi les possessions romaines ne se bornaient point au sol qu'occupait la ville ou colonie de Lugdunum; elles comprenaient encore, dans les campagnes environnantes, de vastes terrains qui faisaient partie du territoire confisqué, et dont des patriciens de Rome étaient les maîtres. Un immense camp occupait le territoire fertile et coupé par de profonds ravins où se trouvent maintenant les villages de Tassin, de Grézieux, de Craponne et de St-Genis : c'était la propriété des Romains; ils y amenèrent, par de magnifiques aqueducs, une partie des eaux des montagnes de l'Ouest. Tout l'espace que renfermait l'enceinte était traversé par une large voie coupée à angles droits par des voies latérales : c'était dans ces compartiments qu'étaient dressées les tentes des tribuns et celles des préfets des troupes auxiliaires ; les vétérans et la cavalerie d'élite avaient un emplacement particulier. Un fossé large de trois mètres et profond de quatre entourait le camp; il était défendu par des tours et des tertres en saillie. On voit encore les ruines de la porte prétorienne, à cinquante mètres de la route de Bordeaux. Des Gaulois, entrés au service des Romains, inspiraient de la défiance; le lieutenant de César leur donna pour quartier une île placée au milieu de la Saône, entre Cuires et Saint-Rambert : cette île porta le nom d'*Insula Barbara* (Ile-Barbe). Quand le pays des Ségusiaves et la Gaule eurent été solidement conquis, des chefs romains s'établirent dans les campagnes, qu'ils couvrirent de leurs villas; ils étaient chez eux.

Mais auprès du peuple conquérant demeurait la nation conquise des Ségusiaves; elle avait conservé une partie de son territoire, son administration municipale, et celles de ses coutumes particulières que les vainqueurs avaient bien voulu lui laisser. Des rapports de jour en jour plus intimes l'unissaient aux Romains que la conquête avait installés chez elle; il y avait entre les deux peuples un échange continuel de bons offices; une civilisation rapide transforma en peu d'années nos grossiers aïeux; ils reçurent chez eux les arts de la Grèce et de Rome. Les Ségusiaves étaient nombreux, ils le devinrent bien davantage encore sous l'influence de la paix publique. Rome se les attacha par des liens indissolubles; elle leur donna sa langue, ses usages, une partie de ses institutions, et les reçut dans ses armées. Ils étaient pour l'empire romain une force nouvelle, un puissant élément de prospérité. Mais laissons pour un moment les Gaulois ségusiaves, nos ancêtres, et voyons comment Rome consolida sa domination dans leur fertile pays.

§ II. Il n'y avait pas dans la Ségusiavie, auprès du confluent du Rhône et de la Saône, de cité gauloise de quelque importance; les Romains n'y avaient trouvé que des habitations éparses dans la plaine et sur le versant des collines. Une ville leur était nécessaire, ils résolurent donc d'en bâtir une : une circonstance accidentelle vint hâter l'exécution de ce projet.

La domination des vainqueurs de la Gaule n'était pas toujours supportée pacifiquement par les peuples indigènes ; ils se révoltaient quelquefois, et parvenaient à se délivrer, pour quelque temps, de maîtres incommodes. Dans une de ces luttes, les colons romains établis à Vienne furent chassés de cette cité par les Allobroges; ils traversèrent le Rhône, entrèrent sur le territoire des Ségusiaves, et, remontant le fleuve, s'arrêtèrent au lieu de sa jonction avec la Saône. Ils n'avaient plus d'asile, Rome, dont cette population venait de défendre la cause, lui devait une demeure. Ces bannis étaient des colons romains, en possession de tous les droits attachés à ce titre; le sénat de Rome enjoignit au gouverneur Lucius Munatius Plancus de bâtir une ville sur le territoire des Ségusiaves, et de la donner pour habitation aux Viennois exilés : il pourvut ainsi au sort de citoyens romains que la guerre avait dépossédés d'une cité romaine. Toute colonie romaine ne pouvait être fondée que par une loi ou par un sénatus-consulte; cet acte accompli, selon l'opinion la plus vraisemblable, les fondements de la ville nouvelle furent jetés l'an 741 de Rome, 41 ans avant l'ère chrétienne.

L'emplacement, on le sait déjà, fut heureusement choisi. Plancus désigna un plateau sur la plus élevée des collines qui avoisinaient le confluent; c'était une position militaire. Il voulut faire de la ville nouvelle un boulevard de l'empire, un moyen de contenir des populations belliqueuses et indociles au joug, un centre de civilisation pour la Gaule : cette cité reçut le nom de Lugdunum. Plancus y installa non-seulement les colons romains expulsés de Vienne, mais encore des vétérans qu'il y amena de l'Italie : COLONIAS DEDUXIT LUGDUNUM ET RAURICAM, dit le monument de Gaète [1]. Ainsi le caractère de Lugdunum a été fixé de la manière la plus authentique dès l'origine de cette cité ; elle n'était pas une municipe, c'était une colonie. Quels étaient ses droits à ce titre et en quoi consistait l'état politique de ses habitants, citoyens romains et non ségusiaves ?

§ III. Lorsque l'état politique des colons romains de Lugdunum aura été bien déterminé, il ne restera plus aucun doute sur le but du discours que l'empereur Claude prononça devant le sénat et sur le caractère historique de la table de bronze : cette tâche est devenue facile depuis les beaux travaux sur les colonies et sur les municipes de Niebuhr, de Savigny, et surtout de Zumpt, de Madwig et de Guarini. La colonie romaine de Lugdunum n'était en aucune façon dans une condition exceptionnelle, ce qui avait lieu chez les autres existait aussi chez elle : on a donc des données certaines sur ce point important.

Une colonie romaine n'était autre chose qu'un diminutif de Rome, en d'autres termes une ville de Rome en abrégé : mœurs, coutumes, lois, droits politiques, magistrats, tout était semblable. La définition donnée par Aulu-Gelle est parfaitement exacte : *Ex civitate quasi propagatœ, populi romani quasi effigies parvœ simulacraque*. Les Viennois établis dans la ville nouvelle, et les vétérans amenés d'Italie à Lugdunum par Plancus, n'avaient rien perdu de leurs priviléges de citoyens romains ; ils avaient conservé, on le verra bientôt, et le droit de suffrage, et le droit aux honneurs. Établis volontairement dans la cité bâtie par Plancus, et régulièrement organisée par une loi ou par un sénatus-consulte après l'accomplissement des formalités civiles et religieuses qui étaient usitées en pareils cas, les colons étaient des citoyens complets, et ordinairement il n'y avait pas pour eux déchéance ou amoindrissement quelconque de leur condition. Lugdunum reconnaissait la suprématie de la mère-patrie ; cette cité n'était qu'un enfant nouveau dans la famille romaine, mais un enfant soumis à l'autorité maternelle : sous les derniers empereurs, le caractère des colonies reçut des modifications profondes, mais il n'y a pas lieu de s'en occuper ici.

Lugdunum, comme Vienne, possédait le *Jus Italicum* [2]. Mais, avant de déterminer quels droits donnait cet état politique, il faut définir ce qu'on entendait par *Civitas*, droit de cité, droits complets de citoyen romain.

Les citoyens qui les possédaient (*cives optimo jure*) avaient le droit de vote ou de suffrage dans une tribu de Rome, et celui de parvenir aux honneurs et magistratures (*Jus suffragii, Jus honorum*). L'ensemble de ces priviléges constituait le droit de cité (*Jus civitatis*). Ce droit comprenait ce que les Romains appelaient *Jus publicum*, et plus particulièrement celui qu'on a nommé *Jus privatum*. Le *Jus privatum* comprenait le *Jus connubii* et le *Jus commercii*. Ceux qui avaient le *Jus privatum*, mais non le *publicum*, étaient bien citoyens, mais citoyens d'une condition inférieure. Les citoyens romains possesseurs du droit de cité (*optimo jure*) participaient seuls à la puissance romaine ; ceux qui ne l'avaient pas ne pouvaient voter dans les tribus et obtenir les magistratures et honneurs : on les nomma d'abord *Hostes*, puis *Peregrini*. Le *Jus Quiritium* comprenait tous les droits de citoyens romains, les politiques comme les privés ; ces derniers constituaient plus particulièrement le *Jus civitatis*. Après la guerre italique, les habitants de l'Italie devinrent citoyens romains. Hors de l'Italie, les colons obtinrent, sous Auguste, la faculté d'envoyer leurs suffrages écrits pour les élections de Rome. Ils pouvaient parvenir aux honneurs, et on voit dans le texte même de notre table de bronze que Lugdunum avait fourni au sénat plusieurs de ses membres.

On voit de quelle importance était le droit de cité pour les colonies comme pour les municipes ; il conduisait à tout.

Le *Jus Italicum* n'aurait dû, selon sa dénomination même, être appliqué qu'à l'Italie ; on a vu cependant que plusieurs cités de la Gaule jouissaient des prérogatives qui avaient été accordées aux Italicus. Ce n'était pas un droit personnel, c'est-à-dire conféré à des individus, il était concédé au corps de la cité. Voici quels priviléges il donnait aux colons de Lugdunum : il leur garantissait le domaine quiritaire des immeubles, et par conséquent la capacité de la mancipation, de

---

1. — Segusiavi liberi in quorum agro colonia Lugdunum. (PLIN., IV. 32.)

2. — Pliny had mentioned several towns that had the *jus Italicum*, and Lugdunum, Vienna in Dauphiné and Colonia Agripinensis had this privilege. It follows from the nature of this privilege that towns which had the *latinitas* or the *civitas*, which was a personal privilege, might not have the *jus Italicum* : but the towns which had the *jus Italicum*, could hardly be any, other than those which had the Civitas or Latinitas. (LONG, dans *Dictionary of Greek and Roman Antiquities*, edited by W. Smith ; *London*, 1842, in-8°, p. 246.)

l'usucapion et de la vindication, l'exemption de l'impôt direct (*capitatio*), et enfin une organisation civile indépendante, c'est-à-dire des duumvirs, des *quinquennales*, des édiles, et surtout la juridiction. Dotée du *Jus Italicum*, la colonie de Lugdunum avait de véritables magistrats qui rendaient la justice et jugeaient en première instance; les appels étaient portés au tribunal du lieutenant de l'empereur [1]. Voyons quelle était la constitution civile de cette nouvelle cité :

§ IV. Lugdunum était une colonie romaine régie par le *Jus Italicum*; à titre de colonie, la cité nouvelle avait des institutions calquées sur celles de Rome.

Il faut placer au premier rang le sénat ou conseil des décurions (*Decuriones, ordo Decurionum*, et, plus tard, *Curia*). L'administration des affaires de Lugdunum était confiée à des fonctionnaires de deux ordres, les magistrats et les sénateurs ou décurions; les magistrats étaient pris exclusivement dans l'ordre des décurions, et nommés par eux. Le premier des décurions, celui qui se trouvait en tête de la liste des membres de ce corps, en d'autres termes le doyen, présidait la curie : on le nommait *Principalis*. Ce n'était pas une dignité personnelle conférée par l'élection : à Lugdunum comme dans les autres colonies, c'est à l'ancienneté qu'il devait sa charge. Les dix premiers noms inscrits sur la liste formaient une classe particulière de décurions appelés *Decemprimi* : ils étaient plus spécialement chargés du recouvrement de l'impôt.

Tous les noms des membres de la curie étaient inscrits en lettres rouges ou noires sur une tablette blanche nommée *Album*. C'est grand dommage que l'album de Lugdunum ne soit point parvenu jusqu'à nous, sort que n'a pas eu celui de Canusium; on eût trouvé sans doute les décurions de Lugdunum classés comme l'étaient ceux de la cité qui vient d'être nommée, dans l'ordre suivant : *patroni* C. C. V. V. (*clarissimi viri*); *patroni* E. E. Q. Q. (*equites romani*); *quinquennalicii, allecti inter quinquennales, duumviralicii, ædilicii, quæstoricii, pedani* et *prœtextati*. Le Musée tumulaire du Palais des Arts, si riche en inscriptions relatives aux sévirs augustaux, à des magistrats de divers ordres, et à des officiers de l'empereur, n'en contient aucune qui concerne précisément un décurion. L'explication cependant est naturelle : les décurions ne figurent pas à ce titre sur nos pierres lapidaires, mais ils y sont nommés sous d'autres qualités; rappelons ici la formule assez commune, L. D. D. D. : *Locus datus decreto decurionum*. Ces pierres, si utiles pour l'intelligence de l'histoire ancienne de notre cité, auraient pu suppléer à l'album perdu de Lugdunum.

Au premier rang des magistrats de Lugdunum figuraient les duumvirs : c'étaient les véritables chefs de la curie; on doit les comparer, sous tous les rapports, aux deux consuls de Rome avant l'institution de la préture. Les duumvirs (*Duumviri juri dicundo*) avaient l'intendance suprême du gouvernement de la cité, et étaient surtout chargés de rendre la justice, ils étaient élus pour un an. Notre Musée tumulaire possède plusieurs inscriptions qui concernent des duumvirs de Lugdunum, entre autres celle de Patinius, préfet de la colonie, agent public et duumvir du trésor pour rendre la justice, et celle de Sextus Ligurius Marinius, fils de Sextus, de la tribu Galeria, premier curateur des citoyens romains de la province lyonnaise, questeur honoré des ornements du duumvirat par le suffrage du *sanctus ordo*, duumvir désigné à la demande du peuple, etc. Les décemvirs étaient aussi des magistrats chargés de rendre la justice; ils assistaient le préteur. On a découvert en 1820, en démolissant la maison qui se trouvait en face de la rue Saint-Côme, une inscription tumulaire dédiée à Julius Taurus, *Stlitibus judicundis*: elle prouve que les décemvirs n'existaient pas exclusivement à Rome.

Puisque Lugdunum avait une magistrature indépendante, librement élue, des duumvirs, ce n'était pas une préfecture. Les *Præfecti juri dicundo* étaient des magistrats chargés de rendre la justice; ils étaient désignés chaque année à Rome et envoyés, sous l'empire, dans des cités, soit municipes soit colonies, appelées préfectures, uniquement à raison de cette circonstance que la justice y était rendue non par des magistrats élus dans la ville même, mais par un *præfectus juri dicundo*.

Savigny, dont Zumpt partage l'opinion, pense qu'on ne trouvait de *Præfecti juri dicundo* que dans les villes qui n'avaient pas de duumvirs; mais une inscription, récemment publiée par Guarini, prouve qu'un même individu pouvait être préfet et duumvir : elle est relative à Marcus Alleius Lucius. Le duumvir, nommé pour un temps limité par la curie, pouvait être prorogé dans ses fonctions par la puissance de plus en plus arbitraire de l'empereur; il prenait alors le titre de préfet. [2]

---

1. — Comme Lugdunum possédait le *jus Italicum*, il n'y a pas lieu à s'occuper ici du *jus Latii*; un mot cependant sur celui-ci, pour faire ressortir la différence. Le *jus Latii* appartenait particulièrement au Latium, (*Latini Socii*, pays des Albains, des Rutules, des Èques, puis des Volsques, des Osques et des Ausones). Le *jus Latii* n'avait pas toute l'importance du *jus civitatis* : les Latins qui en jouissaient avaient conservé leurs lois particulières. On sait que ceux de ces peuples qui avaient adopté quelques-unes des lois romaines s'appelaient *populi fundi*. Le Latium n'avait pas le *jus connubii*, et par conséquent la *patria potestas*, mais il possédait le *jus commercii* et capacité pour tous les actes qui en dépendaient. Rappelons ici que la loi Julia accorda le droit de suffrage et le droit aux honneurs à tous les peuples du Latium qui étaient demeurés fidèles à Rome pendant la guerre des alliés.

2. — Guarini (*Raimundo*), *Fasti duumvirali ed annali della città di Pompei*. Napoli, in-8°, 1842.

Un mot cependant encore sur le caractère des fonctions publiques. Il y en avait de deux sortes : celles qui conféraient une distinction ou dignité personnelle (*honores*), et celles qui n'en conféraient pas (*munera*). Peu de cités, dans les provinces, avaient des *honores*; Lugdunum, sous ce rapport, était bien partagé : il eut d'abord les *honores* de la magistrature, puis ceux de la prêtrise, ceux du culte ; grand nombre d'inscriptions tumulaires du Palais des Arts concernent des magistrats et des pontifes : on lit avec ces qualifications les noms de Claudius Ruso, de Paternianus, de Sextus Attius Januarius, de Cassius Mysticus, de Quintus Capito, de Titus Claudius Amandus, et ceux de beaucoup d'autres. Savigny cite dans une note Quintus Julius Severinus, dont le nom est accompagné de cette qualification : *Omnibus honoribus inter suos functus*. On la rencontre assez fréquemment sous les arcades du Palais des Arts : elle accompagne les noms de Tiberius Pompeius, de Lucius Cassius Melior, de Tiberius Sulpicius, de Paternus Ursus Turonus, et d'autres encore.

Mais Lugdunum était-il municipe ou colonie? a-t-il été successivement l'un et l'autre, et le discours de Claude a-t-il eu pour objet de faire passer cette ville d'un rang inférieur dans une condition plus favorisée ¹? Tous les écrivains qui ont parlé de ce sujet, toutes les histoires de Lyon, ont commis, à cet égard, des méprises qu'il est temps d'examiner.

§ V. Lugdunum était municipe ou colonie ; il avait l'une ou l'autre de ces formes politiques, et non toutes les deux à la fois. Des inscriptions paraissent annoncer qu'une même cité pouvait être colonie dans l'une de ses parties et municipe dans l'autre ; mais il s'agissait de l'une de ces villes conquises dans lesquelles s'installaient les vainqueurs, et non d'une cité bâtie de toutes pièces comme le fut Lugdunum par Munatius Plancus. Dans tout état de cause, rien ne prouve que Lugdunum ait été en même temps colonie et municipe, et tout démontre au contraire qu'il a été l'une et non l'autre.

On a dit que Lugdunum avait été successivement l'une et l'autre; que, d'abord municipe, il avait été élevé par Claude au rang de colonie : cette affirmation renferme des erreurs de plus d'un genre. En lui-même le fait est vrai pour d'autres villes : on sait que la cité municipe d'*Italica*, patrie d'Adrien, demanda à devenir colonie romaine. L'empereur en témoigna son étonnement au sénat; il rappela l'exemple opposé d'autres villes qui de colonies avaient voulu passer dans la classe des municipes. Le premier cas était bien plus ordinaire, et M. Zumpt en expose très plausiblement les raisons. Une ville municipe demandait par vanité à devenir colonie; elle croyait par là former une liaison plus étroite avec la capitale. Le nombre des *Oppida civium romanorum*, c'est-à-dire des municipes, était grand et il s'accrut toujours; celui des colonies était au contraire fort restreint ². Mais Lugdunum n'eut pas à réclamer une qualité qu'il possédait dès son origine et à laquelle il se tint toujours; son état politique ne changea qu'au jour où la vengeance de Sévère, vainqueur d'Albin, le frappa avec tant de cruauté. ³

Voyons, au reste, quels étaient les caractères distinctifs des municipes, et nous rechercherons ensuite si on les rencontre dans une période quelconque de l'histoire de Lugdunum.

Je l'ai dit autre part, quand les Romains s'étaient emparés d'un pays après une guerre heureuse, quelquefois, mais assez rarement, ils se l'appropriaient en totalité et faisaient vendre à l'encan les habitants dépossédés. Ordinairement ils se bornaient à prendre une partie du territoire, et laissaient l'autre aux vaincus; d'autres, plus privilégiés parmi ceux-ci, conservaient, avec leur patrie, leurs institutions particulières, et recevaient même en partie ou en totalité les prérogatives dont jouissaient les citoyens romains. Les villes ainsi traitées étaient des municipes; ce qui constituait leur état politique, c'était la conservation de leur administration intérieure, le droit de se gouverner d'après leurs anciennes lois et leurs propres institutions. Quand les habitants des villes municipes les plus favorisées allaient à Rome, ils jouissaient alors, mais seulement alors, de

---

1. — La distinction entre les colonies, les préfectures et les municipes, était parfaitement établie sous les Romains jusqu'au second siècle. Cicéron dit (*pro P. Sestio*, xiv) : « Nullum orat Italiæ municipium, nulla præfectura, nulla Romæ societas vectigalium, nullum collegium, aut concilium, aut omnino aliquot commune consilium, quod tum non honorificentissime decrevisset de mea salute. » Cette énumeration prouve qu'il s'agissait d'institutions très distinctes. L'abus qui s'introduisit chez les écrivains latins au sujet de l'acception des mots *civitas*, *colonia*, *municipes*, *municipium*, embrouilla beaucoup la question, et déjà, au tems d'Aulu-Gelle, on ne se rendait plus bien compte des caractères positifs d'une colonie romaine et d'une ville municipe. La critique moderne, en Allemagne surtout, « fait faire de grands progrès à ce chapitre de l'histoire du droit romain; M. Zumpt s'est attaché particulièrement à déterminer l'acception des mots colonie et municipe. Voyez son écrit intitulé : Ueber den Unterschied der Benennungen Municipium, Colonia, Præfectura, im römischen Staatsrecht. *Berlin*, 1839, in-4°. — Voyez surtout l'excellente dissertation de M. Madvig.

2. — Au temps de l'empereur Claude il n'y avait que quatre colonies romaines dans la Gaule chevelue : Lugdunum, Colonia Agrippina, Colonia Equestris et Augusta Rauracorum. (Zeuss, p. 14.)

3. — Je dois être d'autant plus indulgent envers le P. Menestrier, qui fait de Lyon tantôt une ville municipe et tantôt une colonie, qu'avec plus de motifs d'être exact je n'ai pas toujours fait évité cette confusion dans mon étude de l'administration du Lyonnais sous les Romains (*Histoire de Lyon*, p. 1200). Après avoir démontré que Lugdunum avait été une colonie, j'ai le tort, un peu plus loin, de parler des citoyens de Lugdunum municipe : de plus profondes études sur la question ont modifié l'opinion que j'avais alors.

toutes les prérogatives conférées par le droit de cité, et étaient admissibles à tous les emplois. Alors, comme le dit Cicéron, ils avaient deux patries, leur ville natale et la ville de Rome. Ainsi les municipes étaient des villes qui avaient été agrégées à l'empire romain en conservant leurs lois particulières relativement soit au civil, soit à l'exercice du culte. Leurs habitants étaient citoyens romains, et jouissaient du droit de cité à Rome [1]. La condition des municipes ne fut pas toujours la même, elle reçut diverses modifications, et ne conférait pas toujours les mêmes privilèges. Telles villes municipes n'avaient le droit de bourgeoisie ou de cité qu'avec exclusion de certaines prérogatives, par exemple du droit si important de suffrage. Les habitants plus favorisés d'autres municipes jouissaient du droit de cité complet, mais sous la condition de ne l'exercer qu'à Rome : et les uns et les autres conservaient leurs lois civiles et la direction de leurs intérêts locaux. La conquête ne leur avait enlevé que quelques droits politiques, et leur avait donné, pour compensation, une participation plus ou moins étendue à la cité romaine. Au reste, la condition des municipes n'était nullement inférieure à celle des colonies, c'était seulement autre chose : les colonies ne connaissaient que les lois romaines; c'était par leurs lois particulières, par leurs propres institutions que se gouvernaient les villes municipes.

La question ainsi posée, on voit que Lugdunum ne fut jamais une ville municipe : il n'eut jamais d'autres lois que les lois romaines, d'autre droit public que le *Jus Italicum*. Lugdunum eut des *Duumviri* et n'eut jamais des *Quatuorviri*; c'est là une autre preuve qu'il n'était pas municipe, quand il y avait eu en effet des *Quatuorviri*, deux appartenaient à la colonie et deux au municipe. Ce n'était point une ville ségusiave à qui Rome avait laissé le droit de se gouverner par ses lois gauloises, c'était une ville toute romaine, bâtie de toutes pièces en vertu d'un sénatus-consulte, et habitée exclusivement par des colons romains. Lugdunum n'a jamais été qu'une colonie; cette ville est appelée colonie et non municipe, soit par les inscriptions, soit par les écrivains latins : ainsi le problème est résolu. [2]

§ VI. A qui profita le discours prononcé au sénat par l'empereur Claude, et pour qui réclama-t-il des droits politiques? évidemment pour une classe d'hommes qui ne les avaient pas. L'ordre logique nous ramène les Ségusiaves, sur le territoire desquels les Romains avaient fondé la colonie de Lugdunum.

Les Ségusiaves étaient un peuple conquis; ils n'étaient ni alliés ni citoyens romains; incorporés dans l'empire, ils n'en étaient que des citoyens fort incomplets, et toute participation à l'administration de la colonie de Lugdunum leur était interdite. Tout porte à croire qu'ils étaient soumis aux règles et aux procédures de la loi romaine; ils étaient administrés par le gouverneur de la province : ainsi donc, leur condition était très inférieure à celle des colons qui habitaient Lugdunum.

Ceux-ci n'avaient rien à réclamer ni à désirer; ils possédaient le *Jus suffragii*, puisque l'empereur Auguste leur avait permis d'envoyer, par écrit, leur suffrage à Rome quand il y avait élection. Ils avaient fourni au sénat de Rome plusieurs de ses membres, ainsi ils étaient admissibles de fait et de droit aux emplois de même qu'aux honneurs. Claude n'avait donc rien à solliciter en faveur de Lugdunum colonie romaine, investie à ce titre du droit de cité dans toute son étendue, et qui avait tout : ce fut donc nécessairement, non pour les colons, mais pour les Ségusiaves, ou plutôt pour les Gaulois chevelus, que l'empereur demanda le droit aux honneurs [3]. Ils ne jouissaient pas des principales prérogatives du citoyen romain;

---

1. — Guarini pose très nettement la question : « Un Municipio, nel suo senso rigoroso, era tutt'altra cosa da una vera Colonia, regolandosi il Municipio colle sue leggi particolari tanto nel vagro quanto nel civil regime, e la Colonia colle leggi romane, nell' uno e nell' altro senso. Una vera Colonia suppone il Municipio ove deducesi, ma un Municipio può stare senza Colonia. Pur tuttavia se è creduta da taluni l'una cosa equivalente all' altra, e potersi indifferentemente scambiare fra loro. Fummo ancor noi una volta prevenuti d'una tale supposizione di cui nulla più falso. » Guarini cite L. Pacideius, qui était en même temps patron du municipe de Cajazzo et patron du municipe d'Alife, puis il ajoute : « Municipi e Coloni non avevano di commune che l'oppido di cui entrambi erano cittadini, senza che il colono diventasse municipe e quasi coluno. » (Guarini, Iter vagum, mansio quinta. Napoli, 1850, in-8°, p. 3, 4.)

2. — « Lyon fut longtemps municipe avant d'être colonie romaine, ce que nul de nos historiens n'a connu. » (Menestrier, *Hist. de Lyon*, IIIe dissert., p. 24). Le P. Menestrier ne produit d'autre preuve à l'appui de son affirmation que trois paroles de Sénèque qui, dans un écrit satirique sur la mort de Claude, introduit la Fièvre et lui fait dire à Hercule : *Marci municipem vides* : « Vous voyez un municipe de Marc-Antoine. » Il n'a pas d'autre argument. Un peu plus loin, Menestrier distingue quatre périodes à l'égard de Lugdunum : 1° celui de sa fondation par des Grecs sortis de Chéeron et conduits par Momorus et Atépomarus, qui en firent une ville de commerce commune à soixante nations ou peuples des Gaules; 2° celui de ville municipe, sous Marc-Antoine; 3° celui de colonie, amenée par Munatius Plancus au temps d'Auguste, qui en fit la métropole de la Gaule celtique; 4° enfin celui de Colonia Claudia Copia Augusta, sous l'empereur Claude qui en fit une colonie, de municipe qu'elle était. » Ces assertions du P. Menestrier ne sont plus du domaine de la critique. La légende de Momorus et d'Atépomarus n'est point un fait historique : personne n'y croit plus. Il n'y avait point en Ségusiavie, avant la conquête des Gaules, de ville gauloise considérable appelée Lugdunum; Marc-Antoine a occupé un camp romain, et n'a point bâti de ville municipe. Les Viennois exilés étaient colons romains et sont demeurés colons romains, dans la ville que Munatius Plancus bâtit pour eux en vertu d'un sénatus-consulte; enfin Lugdunum était ce qu'il avait toujours été, colonie romaine et non municipe, quand l'empereur Claude lui donna son nom.

3. — Dans mon Étude sur l'administration du Lyonnais sous les Romains, sont les lignes suivantes : « Les habitants de Lugdunum, colonie romaine, ne possédaient pas tous les privilèges de citoyens romains : quand ils venaient à Rome, ils ne pouvaient se faire inscrire dans une tribu et prendre part aux élections; enfin, ils ne pouvaient parvenir aux magistratures et entrer dans le sénat. L'empereur Claude obtint pour eux ces avantages.... » Je ne puis persister aujourd'hui dans cette opinion. Tous colons romains, les habitants de Lugdunum possédaient, dès le temps d'Auguste, le droit de suffrage, et ils avaient envoyé au sénat plusieurs de ses membres. L'empereur Claude n'eut donc pas à s'occuper d'eux : il parle, dans son discours, pour des Gaulois et non pour des colons romains. L'erreur dont je m'accuse a été commise par bien d'autres, depuis Menestrier, le premier auteur de l'hypothèse qui fait de Lugdunum tantôt une ville municipe et tantôt une colonie; mais ce n'est pas une raison pour persévérer.

d'autres Gaulois les avaient obtenues, ceux de la Gaule narbonnaise en jouissaient depuis longtemps, et la même observation s'applique aux peuples de la Gaule cispadane après la guerre des Marses. Sous Jules César, les Gaulois cisalpins avaient obtenu le droit complet de cité. César, dit Suétone, *Civitate donatos et quosdam e semi-barbaris Gallorum recépit in Curiam : «* César reçut dans le sénat, après leur avoir accordé le droit de cité, quelques Gaulois demi-barbares. » (SUÉT., *Jul. Cæsar*, 76). Plus loin (cap. 80), le même historien dit qu'on chantait à cette occasion dans les rues de Rome ces paroles : *Gallos Cæsar in triumphum ducit, idem in Curiam ; Galli braccas deposuerunt, latum clavum sumpserunt.* Quelques sénateurs romains avaient été fournis individuellement, on l'a vu, par la Gaule chevelue, au temps des guerres civiles et sous Jules César ; étaient-ce des colons de Lugdunum ou des Gaulois ségusiaves? Quoique la première conjecture ait infiniment plus de vraisemblance que la seconde, on ne peut cependant la présenter comme une vérité démontrée.

Au temps de l'empereur Claude les peuples de la Gaule chevelue, Éduens, Ségusiaves et autres, n'avaient pas les principaux des droits politiques, et Claude se chargea de les leur faire obtenir. Mais pour qui les demanda-t-il? pour tous les Gaulois de la Gaule chevelue, ou seulement pour les principaux d'entre eux? Que faut-il entendre par ces expressions, les premiers des Gaulois?

Un des premiers commentateurs de Tacite, Juste-Lipse, pense que le droit de cité romaine, il est vrai sans le droit de suffrage et sans le droit aux honneurs, avait été concédé à la Gaule transalpine entière, et même à la Gaule chevelue. Un de ses arguments, c'est ce que raconte Dion Cassius (L. IV, c. 24), qu'Auguste ayant entièrement terminé les affaires des Gaules, des Germains et des Espagnols, donna la liberté et le droit de cité aux uns et les ôta aux autres. Un passage de Sénèque, mal interprété, a fait croire à quelques écrivains que la Gaule chevelue entière avait été admise au droit de bourgeoisie (*De Beneficiis*, VI, 9). « *Quid ergo? si Princeps civitatem dederit omnibus Gallis, si immunitatem Hispanis, nihil hoc nomine singulis debebunt ?* » Mais qui ne voit dans ces paroles une simple hypothèse ? Il ne s'agit nullement du droit de cité pour les Gaulois et de l'exemption d'impôts pour les Espagnols comme d'un fait accompli, Sénèque pose simplement une question. Un autre passage du même écrivain (*Apocolocynth.*, III) justifie cette interprétation; une des Parques, Clotho, parlant de la mort de Claude, s'exprime en ces termes : « Par Hercule, je voudrais ajouter quelques jours à sa vie pour qu'il « fît citoyens ce peu de gens qui restent à l'être, car il s'était promis de voir en toge tous les Grecs, les Gaulois, les Espa- « gnols et les Bretons; mais puisqu'il te convient de laisser pour la graine quelques étrangers et qu'ainsi tu l'ordonnes, ainsi « soit-il. » Claude n'avait donc pas accordé le droit de bourgeoisie à tous les étrangers; c'est ce que fait observer judicieusement M. Zell. Pline le naturaliste, parlant de la Gaule chevelue postérieurement au temps de Claude (IV, 77), distingue avec soin les diverses cités et nations libres et alliées, les villes latines et les colonies romaines; elles n'avaient donc pas toutes la même condition politique. Spanheim a réfuté cette opinion, que le droit de cité avait été conféré à tous les habitants de la Gaule chevelue; ses raisonnements sont fort judicieux [1]. Selon Niebuhr, le discours de Claude a pour objet l'admission de quelques Gaulois de la Gaule lyonnaise dans le sénat [2] : telle est l'opinion d'Ernesti [3], de M. Charles Zell [4] et des critiques les plus compétents ; elle est aujourd'hui généralement admise.

Claude sollicita le droit de cité complet pour les principaux de la Gaule chevelue, et non pour tous les habitants de cette vaste contrée; mais que faut-il entendre par ces expressions : *primi, principales?* Désignent-elles les plus distingués des Gaulois

---

1. — Voici le passage de Spanheim : « Quibus nempe verbis ad illud, cujus Tacitus meminit, et de quo mox, Claudii factum respici, quo universæ Galliæ Comatæ civitas sit ab eo data, notat ad eum Senecæ locum, de quo ad Tacitum aliorumt, Lipsius. Quod præterea a Principe, ut hoc additum, in eadem Gallia Comata, Lugduni quippe nato, in popularium suorum gratiam factum liceret continuo statuere; quippe alibi ab eodem Seneca, Marci (Antonii forte, materni ejus avi, in cujus etiam nummis Lugduni extet signatum nomen ac loci typis, aut verius non Marci, sed Munatii nomen Planci, quod viderunt jam alii). Municeps vocatur. Cui tamen Lipsianæ de priori illo Senecæ loco interpretationi haud pauca obstant : uti quod nec id e Tacito, ubi eo de re agit, et de Gallorum tantum qui adopti erant jam ante civitatem, sicut Æduorum, de quibus idem postea, primoribus, liceat colligere; nec e Plinio ubi, post Claudii fata, Galliam Comatam, variasque in eadem gentes ac civitates, quæque inter eas liberæ, aut fœderatæ, aut Romanorum coloniæ demum forent, tangit. Adde, nec ex iis, quæ de Gallia Narbonensi a Romanis magis frequentata, neque tamen jus illud civitatis adhuc adepta; aut de Hispania, quæ præ aliis provinciis Romanorum confluxu florebat dudum, paullo ante diximus, vel adhuc in acquirentibus de Latii tantum jure, quod ei concesserit Vespasianus : quæ omnia, inquam, obstant, ne toti illi, quæ late patebat, Comatæ Galliæ, cujusque incolæ pro barbaris a Romanis etiam tunc habiti, civitas a Claudio impertita statuatur. Adde, quod nec universæ Hispaniæ immunitatem tum a Claudio datam, quod utcumque conjungit ibi Seneca : Si Princeps civitatem dederit omnibus Gallis, si immunitatem Hispanis... Vel ex eodem, de quo modo, Plinio liquet utcumque illud beneficium, tanquam a Principe jam Gallis et Hispanis revera datum, eadem Senecæ verba continuo adstruunt : immo quibus is videtur innuere voluisse si Claudius dederit omnibus Gallis, uti data jam erat eorum primoribus aut omnibus Hispaniæ, inter eos jam-gaudentant oppida, teste eodem Plinio, immunitatem; quid tum singulæ gentium, qui ita alterutrius illius beneficii compotes forent, ex de re deberent statuere ; et an id tamquam indultum sibi privatim a Principe illud donum agnoscere. » (SPANHEIM (*Ezechiel*), *Orbis romanus. Londini, Churchill*, 1703, in-4°, II, cap. XVII. — De civitate data sub Claudio, p. 137). Je ne reproduis pas dans toute son étendue le raisonnement de Spanheim.

2. — NIEBUHR (*B.-G.*), *Roemische Geschichte. Berlin, Reimer*, 1828-32, II, 103.

3. — Sunt, qui putent, Galliæ Comatæ universæ civitatem optimo jure hoc SC. datam, eoque alludi e Seneca, *de Beneficiis*, VI, 19; idque ipsi Lipsio ad Senecam l. c. fuerunt usu, verba Taciti sequentia arguunt, e quibus patet, ad solos primores Æduorum beneficium pertinuisse. Non vero exemplo utitur ibi Seneca, sed ficto, ut philosophi solent..... (Taciti Op. — LEMAIRE, Bibl. class. lat., II, 58.)

4. — ZELL (*Car.*). Claudii imper. Oratio super civitate Gallis danda. 15.

par leurs richesses, par l'ancienneté de leur race, la puissance de leurs familles, mais des hommes de condition privée? Faut-il entendre par *primi* et *principales*, chez les Gaulois, des fonctionnaires publics, des hommes élevés en dignités, *fœdera assecuti*, ayant obtenu des traités, et plus particulièrement les membres du sénat ou décurions gaulois? Cette dernière opinion est celle qui paraît la plus probable à M. Zell, dont les raisonnements paraissent plausibles. On croira sans peine avec Savigny que l'ancienne noblesse gauloise composait l'ordre des décurions dans les villes principales : c'étaient là les hommes que l'empereur Claude se proposait de faire entrer dans le sénat de Rome. Beaucoup étaient déjà pourvus du droit de suffrage, mais ils n'avaient pas le droit aux honneurs bien autrement désirable ; on comprend donc facilement l'ambition de l'aristocratie gauloise.

On a vu dans quelles circonstances Claude avait prononcé son discours, on sait au profit de qui avaient eu lieu les sollicitations impériales; un point reste à déterminer: quel en fut le résultat, et que fit le sénat de Rome ?

Tacite nous l'apprend en quelques lignes : « *Orationem principis secuto Patrum consulto, primi Ædui senatorum in urbe* « *jus adepti sunt.* » Quoique fort claires, ces paroles ont cependant fourni le texte d'une controverse. Tacite a-t-il voulu dire : « Un sénatus-consulte fut rendu sur le discours du prince, et les Eduens reçurent les premiers le droit d'entrer dans « le sénat. » Le mot *primi* a-t-il une autre signification, et faut-il le traduire ainsi : Le droit aux honneurs fut accordé aux premiers des Eduens, et non aux autres personnages principaux de la Gaule chevelue, qui l'obtinrent plus tard? Ne peut-on encore l'entendre ainsi : Tous les premiers de la Gaule chevelue, mais d'abord les Eduens, obtinrent le droit aux honneurs? Cette dernière interprétation sourit à M. Zell : « Dans son discours au sénat le prince réclama le droit aux honneurs non pour « les seuls Eduens, mais pour les personnages principaux de la Gaule chevelue. Nulle part Tacite ne dit ou ne donne à « entendre que le sénatus-consulte décida quelque chose en opposition au discours de l'empereur. On énumérait, dans le « sénatus-consulte, ceux des principaux de la Gaule chevelue et celles des villes qui, ayant obtenu déjà le droit de cité, « mais ne possédant pas le droit aux honneurs, cumuleraient désormais ces deux droits. Les Eduens furent nommés les pre- « miers, en raison de l'ancienneté de leur traité et de la dignité de leur nation. » Telle est l'opinion de M. Zell. Les plus estimés des traducteurs de Tacite en français, entendent le mot *primi* d'une autre manière ; Tacite n'a point parlé des principaux des Eduens, il a dit simplement : « Le droit d'entrer dans le sénat fut conféré d'abord aux Eduens; » ou, en d'autres termes : « Les Eduens obtinrent les premiers le droit d'entrer dans le sénat. »

L'empereur Claude gagna complétement sa cause : grâces à lui, les principaux de la Gaule chevelue, et parmi eux les Eduens les premiers, obtinrent cette prérogative qu'ils ambitionnaient si fort, ce droit aux honneurs qui conduisait à la dignité sénatoriale. C'était une émancipation complète, et la Gaule chevelue n'avait plus rien à envier à la Gaule narbonnaise. Tacite ne cite que les Eduens ; il est question positivement de Lugdunum dans le discours de la table de bronze : j'ai indiqué et commenté autre part cette différence. Le service rendu par l'empereur Claude fut immense, et apprécié comme il devait l'être. [1]

Fixés sur ces importantes études préliminaires, occupons-nous du discours de Claude. Dans quelles circonstances fut-il prononcé? Est-il le même dans Tacite et sur le bronze ?

III

Tiberius Claudius Nero, frère de Germanicus, naquit à Lugdunum de Drusus l'ancien et d'Antonia, sous le consulat de Julius Antonius et de Fabius Africanus, probablement dans le palais impérial. Occupé de la guerre contre les Germains,

1. — Consultez, sur la question des colonies et des municipes sous les premiers empereurs : Pompeius Festus, De Verborum significatione ; xiv. — Aulus Gellius, Noctium atticarum lib. xvi, s. 13. — Menestrier, Des Colonies romaines établies à Lyon : Lyon municipe et colonie (Hist. de Lyon, 16 et 24). — Beaufort, La République romaine, ou Plan général de l'ancien gouvernement de Rome. *La Haye*, 1786, 2 vol. in-4°. — Clarac, Musée de sculpture, xe livr. *Paris*, 1846, grand in-8°. — Savigny (F.-C.), Geschichte der Roemische Rechts im Mittelalter. *Heidelberg*, 1826-1851, 6 vol. in-8°. — Savigny, Ueber das Jus italicum. Zeitschr., vol. v. — Le même, Der Roemische Volksschluss der Tafel von Heraclea. — Niebuhr (B.-G.), Roemische Geschichte. *Berlin*, Reimer, 1828-32, 3 vol. in-8°. — Zell (Carol.), Claudii imperatoris Oratio super civitate Gallis danda. *Friburgi-Brisgavorum*, 1833, in-4°. — Haubold (C.-G.), Antiquitatis romanæ monumenta legalia. *Berolini*, 1830, in-8°. — Hoffmann, Staatsrecht der Unterthanen der Roemer. *Dusseldorf*. 1829. — Heyne, De Romanorum prudentia in coloniis regendis. (Opusc. Acad., t. iii). — Laux (Georges), dans le Dictionary of greek and roman antiquities, edited by William Smith. *London*. 1842. in-8°. — Zumpt (B.), Ueber den Unterschied der Benennungen Municipium, Colonia, Praefectura im romischen Staatsrecht. *Berolini*, 1839, in-4°. — Brewer, Ueber die Lex Manilia de coloniis. Zeitschrift, vol. ix. — Rudorff, Das Ackergesetz von Sp. Thorius, et Puchta, Ueber den Inhalt der Lex Rubria de Gallia Cisalpina. Zeitschrift, vol. x. — Maurus, Opus: de jure et conditione colonorum populi romani quaestio historica. *Marewie*, 1834, in-8°. — Guarini (Raimundo), Fasti duumvirali ed annali della Colonia di Pompei. *Napoli*, 1842. in-8°. — Guarini (R.). Iter vagum, mansio quinta. *Napoli*, 1850, in-8°.

Drusus passa par Lugdunum et s'y arrêta quelque temps; sa femme l'accompagnait. Surprise par les douleurs de l'enfantement, Antonia donna le jour dans cette ville à Tiberius Claudius Nero, qui prit plus tard le surnom de Germanicus, quand son frère aîné eut passé par adoption dans la famille Julia. Il appartient aux annales de Lugdunum à deux titres, par sa naissance, et surtout par son intervention auprès du sénat en faveur de la Gaule chevelue, qui eut lieu l'an de Rome 801, et de l'ère chrétienne 48. Il avait cinquante-huit ans quand il sollicita l'admission de nos pères dans la famille romaine, et mourut six ans plus tard, dans sa soixante-quatrième année, après treize ans de règne. Voici le portrait que Suétone a tracé de Claude : « Soit qu'il se tînt debout, soit qu'il fût assis, il avait de la dignité dans sa personne, surtout lorsqu'il restait immobile, car « il était grand et d'un embonpoint ordinaire. Son teint et ses cheveux étaient blancs. Il avait le col épais. Quand il entrait « dans quelque lieu, la faiblesse de ses genoux le faisait fléchir, et soit dans le commerce familier, soit dans les moments de « représentation, il devenait ridicule : on le voyait alors rire hors de propos, et devenir hideux de colère; son nez et sa bouche « devenaient humides; il bégayait fortement, et sa tête était agitée par un tremblement convulsif. » Le portrait de Claude, qu'on voit sur le titre de cette Monographie, a été gravé d'après un buste en bronze du Musée national, dont Visconti loue le travail et la vérité. Claude était instruit, il savait beaucoup trop peut-être pour un empereur, et il n'avait pas autant de goût que de connaissances. Ce prince infortuné a composé, soit en grec, soit en latin, beaucoup d'écrits, une histoire de Rome depuis le gouvernement d'Auguste, une défense de Cicéron, et sans doute aussi des traités sur la grammaire : il fut le dernier des empereurs qui firent usage de leur éloquence personnelle pour traiter les affaires dans le sénat. Je me félicite de n'avoir à raconter, de sa vie, que la part qu'il prit aux affaires de la Gaule chevelue dans une circonstance mémorable.

Il y avait dans le sénat de grandes lacunes; des crises réitérées, et surtout la tyrannie sanguinaire de Caligula et de Tibère avaient beaucoup diminué le nombre des membres de cette illustre compagnie. Claude, qui s'acquittait avec beaucoup de soin de ses fonctions de censeur, avait encore élargi la vide en prononçant l'expulsion de plusieurs sénateurs. Comment réparer tant de pertes? Pendant que l'empereur y songeait, les principaux personnages de la Gaule chevelue jugèrent l'occasion favorable pour solliciter le droit aux honneurs, c'est-à-dire leur entrée au sénat. Ils représentèrent avec force les services qu'ils avaient rendus, parlèrent de leur sang versé pour la cause de Rome, et réclamèrent comme un droit des prérogatives qu'avaient obtenues, sans les mériter toujours, tant d'habitants de l'Italie et de la Gaule narbonnaise. Les Eduens avaient surtout d'incontestables titres ; Claude crut à la justice des prétentions de la Gaule chevelue, et se fit son avocat dans le sénat. Tout empereur qu'il était, ce prince rencontra une opposition violente : enorgueillis de leur naissance et de leurs antiques priviléges, les vieux sénateurs voyaient avec indignation l'invasion de leurs siéges par des étrangers : « Quoi donc! « s'écrièrent-ils dans le langage que leur prête Tacite, l'Italie est-elle si malade qu'elle ne puisse fournir assez de membres au « sénat? ne l'a-t-elle pas fait autrefois avec des citoyens nés dans ses murs et avec les seuls peuples de son sang, et a-t-elle « à s'en repentir? Ne parle-t-on pas encore des exemples de gloire et de vertu qui ont signalé les antiques mœurs de la race « romaine? Est-ce peu que d'avoir admis dans le sénat les Insubres et les Vénètes, et faut-il donc y introduire encore, « comme dans une ville captive, un ramas d'étrangers? Quelles prérogatives auraient donc désormais le peu de patriciens « qui restaient et les sénateurs pauvres du Latium? Avec leurs richesses, les nouveau-venus engloutiraient bientôt toutes « les places, eux dont les aïeux avaient taillé en pièces des armées romaines et tenu Jules César assiégé auprès d'Alise? Que « serait-ce si on évoquait le souvenir de leurs anciennes barbaries, de l'incendie du Capitole, et des murailles de Rome ren-« versées de leurs mains? On pourrait sans doute accorder à ces étrangers la jouissance du titre de citoyen, mais la dignité « sénatoriale et les honneurs de la magistrature ne devaient pas leur être prostitués ainsi. » [1]

Remarquons encore qu'il n'est nullement question des colons de Lugdunum, qu'il ne s'agit pas d'élever cette cité au rang des colonies les plus favorisées (elle n'a rien à réclamer et se trouve parfaitement désintéressée dans le débat); qu'enfin l'empereur et les sénateurs n'ont à s'occuper que des prétentions, fondées ou non, des principaux de la Gaule chevelue (*primores Galliae*). Tous les points controversés de l'histoire de Lugdunum au temps de l'empereur Claude sont renfermés dans les paroles de Tacite; il n'y a rien au-delà.

---

1. — Tacite s'exprime ainsi : « A. Vitellio, L. Vipsanio consulibus, cum de supplendo senatu agitaretur, primoresque Galliae, quae Comata adpellatur, foedera et civitatem romanam pridem adsecuti, jus adipiscendorum in urbe honorum expeterent, multus, ea super re, variusque rumor. Et studiis diversis apud principem certabatur, adseverantium : « Non adeo aegram Italiam, ut senatum suppeditare urbi suae nequiret. Suffecisse olim indigenas consanguineis populis, nec poenitere veteris reipublicae. Quin adhuc memorari exempla, quae priscis moribus ad virtutem et gloriam romana indoles prodiderit. An parum quod Veneti et Insubres curiam irruperint, nisi coetus alienigenarum, velut captivitas, inferatur? Quem ultra honorem residuis nobilium, aut si quis pauper e Latio senator, fore? Oppleturos omnia divites illos, quorum avi proavique, hostilium nationum duces, exercitus nostros ferro vique ceciderint: divum Julium apud Alesiam obsederint. Recentia haec : quid, si memoria eorum moriatur, qui, Capitolio et ara romana manibus eorundem per se satis, fruerentur sane vocabulo civitatis : ut insignia patrum, decora magistratuum, ne vulgarent. » (*Annal.*, XI, 23.)

La réponse de Claude aux véhémentes objections des sénateurs nous est parvenue de deux manières, par les Annales de Tacite et par la table de bronze; elle n'est pas identique, bien que le fond soit le même. Avant de reproduire les textes, de les comparer et de les commenter, il est bon d'en faire une analyse succincte; on comprendra mieux l'orateur impérial.

Chez Tacite, Claude, d'origine sabine, parle de ses ancêtres dont le premier, Clausus, fut admis le même jour et dans la cité romaine et dans une famille patricienne. Il cite par leurs noms de famille les sénateurs qu'ont donnés les provinces, et rappelle que, lorsque les limites de l'empire eurent franchi les Alpes, le nom romain s'est associé non des hommes isolés, mais des nations et des contrées entières. Il fallait remédier à l'épuisement de l'empire: Rome s'est incorporé les hommes les plus vaillants des provinces. Si Athènes et Lacédémone ont péri, c'est qu'elles ont repoussé les vaincus comme des étrangers; mais Romulus suivit une autre politique: des étrangers ont régné dans Rome, et fréquemment des magistratures ont été conférées à des fils d'affranchis. Mais les Sénonais ont fait la guerre aux Romains? ce fut pendant peu de temps, et depuis lors la paix avec eux a été solide et durable. Que les Gaulois, déjà unis à Rome par leurs mœurs et par leurs alliances, lui apportent leur or et leurs richesses, plutôt que d'en jouir seuls: tout ce qui paraît le plus ancien a été nouveau autrefois. On voit, par cette analyse de ce discours, combien la pensée de Claude est logique et habile; elle combat les préventions, et s'appuie constamment d'exemples.

Mais la véritable parole de l'empereur, celle qui fut réellement prononcée et que le bronze a fait parvenir jusqu'à nos jours, n'a pas les mêmes caractères: elle est prolixe, incorrecte, vagabonde, et non moins dépouillée d'art que de grâces. On sait que le commencement du discours nous manque: dans ce qui reste, Claude invite les Pères Conscrits à ne point se révolter contre la proposition qu'il leur fait, et à ne pas la considérer comme une nouveauté dangereuse. Il rappelle toutes les vicissitudes par lesquelles cette ville a passé, le gouvernement des rois dont quelques-uns lui furent étrangers: Romulus, le sabin Numa; Tarquin l'ancien, fils de Démarate de Corinthe; Servius Tullius, né de la captive Ocrésia et le compagnon de Cælius Vibenna; l'administration des consuls, les dictateurs, les décemvirs, les tribuns militaires, le peuple admis aux honneurs, non-seulement du commandement, mais encore du sacerdoce. Enfin, après avoir rappelé les guerres qui ont étendu l'empire jusqu'au-delà de l'Orient, l'empereur revient à la ville de Rome: le divin Auguste et son oncle Tibère César ont admis dans le sénat les hommes les meilleurs et les plus riches des colonies et des municipes; il ne pense pas qu'on doive en exclure les habitants des provinces s'ils peuvent lui faire honneur, et il rappelle les sénateurs qu'a fournis la ville de Vienne, Vestinus dont il recommande les enfants, et un homme abject qu'il ne veut pas nommer. Ici Claude s'interpelle lui-même, se demande à quoi tend son discours, et s'avertit qu'il est parvenu aux limites de la Gaule narbonnaise. Après cette singulière interruption, Claude reprend l'ordre de ses idées: il cite de jeunes sénateurs qui sont venus des provinces, et fait cette observation que le pays situé au-delà des limites de la Gaule narbonnaise peut bien envoyer des membres au sénat, puisque cet ordre n'a pas à se repentir d'avoir admis dans son sein des sénateurs venus de Lugdunum. Il est temps de débattre la cause de la Gaule chevelue: elle a fait pendant dix ans la guerre aux Romains; mais, inviolable depuis un siècle, sa fidélité s'est montrée surtout lorsque Drusus, père de l'empereur, se vit obligé, après avoir soumis l'Allemagne, de demander aux Gaulois un nouveau subside. Il sait par son expérience combien cette œuvre est difficile: c'est par cette observation que l'empereur termine sa harangue.

On a vu qu'au milieu de son discours Claude s'était aperçu de ses digressions, et qu'il s'était brusquement interrompu pour s'adresser la parole à lui-même: Tempus est jam, Th. Cæsar Germanice, detegere te Patribus Conscriptis quo tendat oratio tua, jam enim ad extremos fines Galliæ Narbonensis venisti. Le caractère de cette interruption a été un sujet de controverse: Claude s'est-il adressé la parole à lui-même, ou a-t-il été rappelé à la question par le sénat impatienté? Menestrier, peu scrupuleux, traduit ainsi: « Il est enfin temps que je vous fasse connoître à quoi tend ce discours, car je suis déjà arrivé aux extrémités de la Gaule narbonnoise. » Colonia n'est pas plus fidèle; voici sa version: « Enfin, Messieurs, il est temps que je vous fasse connoître quel est le but de ce discours, car me voici aux extrémités de la Gaule narbonnoise. » Clerjon traduit de la même manière, il ne supprime que le mot Messieurs adressé aux sénateurs romains par le Père jésuite. Pour échapper à une difficulté dont ils ne pouvaient se rendre compte, Menestrier et ses imitateurs ont jugé convenable d'altérer le texte et de substituer la première personne à la seconde; mais cette licence n'est pas permise. On lit sur le bronze: *Tempus est jam detegere te Patribus Conscriptis quo tendat oratio tua* : c'était avec ce texte immuable qu'il fallait absolument s'arranger.

On a supposé alors que les sénateurs, excédés par la diffusion insupportable de l'orateur impérial, l'avaient interrompu pour le ramener à la question. Ce système, que l'interruption est venue du sénat, a généralement prévalu: M. Charles Zell n'y a pas échappé. Après avoir énergiquement blâmé l'infidélité de la traduction du P. Menestrier, il se demande si l'interpellation a été faite réellement, et si elle a été consignée dans les actes du sénat : ce doute était un pas vers la vérité. Mais M. Zell ne va pas plus loin : si l'interpellation est vraie, dit-il, il faut en inférer ou qu'il ne subsistait plus vestige de l'antique liberté de la parole, ou que la prolixité de l'orateur a fait sortir de toute mesure les Pères Conscrits, quelque patients qu'ils fussent à supporter l'ennui.

J'avoue que cette explication ne me paraît rendre raison de rien ; elle est inadmissible. L'empereur, parlant au sénat dans une cause très grave, avait le droit d'être entendu, et on ne peut établir aucun parallèle entre les Pères Conscrits, écoutant les motifs d'un sénatus-consulte qu'ils allaient rendre, et les propos inconvenants de plaideurs mécontents ou impatientés. On n'interrompait pas l'empereur dans le sénat.

Une autre objection bien autrement forte se présente : l'interpellation des sénateurs était un blâme très offensant, une critique injurieuse de la prolixité de l'orateur impérial ; comment admettre, dès lors, qu'on l'aurait consignée très soigneusement sur la table de bronze ? Cette supposition est absurde. Claude aurait-il permis que l'insulte eût été ainsi perpétuée par le monument officiel ? Il y a une explication bien plus simple, c'est que l'interpellation n'a pas eu lieu, et que dans ces paroles : *Tempus est jam, T. Cæsar Germanice, detegere te Patribus Conscriptis quo tendat oratio tua*, l'empereur s'est adressé la parole à lui-même : il pouvait se tenir ce langage, mais il n'aurait pas souffert que le sénat se le permît. Que cette apostrophe de l'orateur à lui-même ne soit pas d'une convenance parfaite, d'accord ; mais, d'une part, les exemples n'en sont pas rares dans les écrivains latins, et d'autre part Claude était un médiocre orateur. Si la table de bronze reproduit d'un bout à l'autre l'interpellation, c'est que les paroles sont de l'empereur et qu'il se les est adressées à lui-même. [1]

---

1. — La table de Claude a été publiée pour la première fois par Juste-Lipse dans son édition, avec commentaires, de Tacite (*Anvers, Plantin*, 1574, in-8°). Cette édition a été fréquemment réimprimée ; la plus estimée est celle d'Anvers, *ex officina Plantiniana*, 1607, in-folio. Depuis Juste-Lipse toutes les éditions de Tacite de quelque valeur ont reproduit la table de Claude, qui est devenue, à toujours, une partie intégrante du commentaire. Je me bornerai à faire mention de celles qu'ont publiées Gronovius, Oberlin, Brotier, Burnouf, Valpy et Lemaire. Rarement cette table est accompagnée de notes ; on ne peut guère citer, sous ce rapport, que les éditions de Juste-Lipse, de Brotier, d'Ernesti, et de la Bibliothèque latine.

Les historiens de Lyon ne pouvaient l'omettre : dans ses Mémoires sur l'histoire de Lyon, Paradin le donne deux fois, d'abord intercalée dans le texte et bizarrement amalgamée avec les paroles de Tacite, sous ce titre : « La teneur de la remonstrance de l'empereur susdict (Claude), contenue en deux grandes tables d'airain, estant en l'hostel de la ville du Lyon, et tirée de terre en l'an M. D. XXXX. » Elle est imprimée en caractères italiques. Paradin l'a reproduite imprimée en petites capitales, à la tête de son Recueil des inscriptions latines. Le *Lugdunum priscum* de Claude Bellièvre annonce une copie de la table de Claude que le manuscrit ne contient pas (du moins l'exemplaire qui est à Lyon). Rubys a dans son Histoire un chapitre intitulé : « Des deux anciennes tables d'airain qui se voyent en l'Hostel-Commun de la ville, à Lyon ; » (c'est le XV°). Il s'exprime ainsi : « Je m'assure que ceux qui n'ont pas le bonheur « d'avoir cognoissance de la langue latine et de l'histoire, et passant tous les jours à travers « l'Hostel-Commun de la ville de Lyon, voyent en la cour d'iceluy ces deux belles et anciennes « tables d'airain escrites et gravées ou lettres romaines, seront bien aise d'entendre ce que « c'est et ce qu'elles portent, qui ont l'occasion que voyant que Paradin s'en est passé de léger, « se contentant de s'en servir pour grossir et faire enfler son œuvre, et ayant récité le texte « de mot à mot par trois diverses fois ; et au reste, quant à l'histoire et au sens, il a plutost « obscurci le tout qu'esclairci. Je me suis mis en devoir de satisfaire au mieux mal qu'il m'a « esté possible, en cest endroict, au désir vertueux du lecteur. » Mais le très ignorant Rubys ne tient pas parole. Paradin du moins donne le texte de la table de Claude et le traduit ; son aigre contradicteur ne fait ni l'un ni l'autre, et commet beaucoup d'erreurs dans son court chapitre : selon lui, quelques-uns des plus riches et des plus apparents de la Gaule achetèrent de Messaline, à prix d'argent, son intervention en leur faveur auprès de Claude. L'empereur n'avait rien à refuser à sa femme : il convoque le sénat, et en obtint les prérogatives que sollicitaient les habitants d'Autun. Cette anecdote n'a ni vraisemblance ni vérité. Je ferai seulement mention de Saint-Aubin, qui a parlé de la table du bronze avec son insuffisance ordinaire. Spon, dans ses Recherches sur nos antiquités, donne le discours de Claude sous le titre de première et de seconde table, et l'accompagne d'une traduction peu exacte ainsi que de quelques notes courtes et peu substantielles. Colonia a fait de la table de Claude une étude très superficielle, et ne paraît pas s'être douté du parti qu'il pourrait tirer de ce monument soit pour son Histoire littéraire, soit pour son travail sur les antiquités de Lyon. Montfaucon analyse d'abord à sa manière le discours de Claude tel que Tacite le rapporte, puis il reproduit le texte de l'inscription en un feuillet détaché en deux colonnes placées en regard l'une de l'autre. Dans son Histoire abrégée ou Eloge historique de la ville de Lyon, Baissieux publie d'abord le texte de la table, puis une traduction en français. Colonia ne donne pas le texte, qui était cependant la partie la plus importante de son livre : il se borne à une traduction d'une médiocre exactitude. Artaud avait fait plus : dans sa Notice sur le cabinet des antiques du Musée, il a publié la table claudienne en deux pages placées en regard l'une de l'autre, et la nouvelle traduction faite de cette inscription par Colonia : on trouve à la fin de son catalogue le discours de Claude tel qu'il est dans Tacite, et la traduction qu'en a faite Dureau de la Malle.

Parmi les auteurs de recueils d'inscriptions latines et d'écrits sur l'archéologie qui ont parlé de la table de Claude ou qui l'ont reproduite, je citerai de préférence : Sertyios, Ancien ad inscriptiones, p. 23 ; Raisonius, De Formulis, 1592, p. 68 ; Gruter, Thesaurus inscriptionum, 1602, in-fol., p. 502 (l'inscription est disposée sur deux tables et accompagnée de courtes notes) ; Hauman (Dr Chris.-Gotl.), Antiquitatis romanæ monumenta legalis, extra juris romani sparsa, quæ in aere, lapide, aliave materia........ supersunt, edid. Dr E. Spangenberg ; Herolini, 1830, in-8° (p. 190, n. XII) ; M. de Boissieu (Alph.), Inscriptions antiques du Lyon (p. 133-146), chapitre IV. M. de Boissieu a reproduit la table de bronze gravée sur deux colonnes en caractères semblables à ceux de la table, mais trop petits : on trouve dans ce chapitre un *fac-simile* très exact de quelques mots calqués sur l'original.

Il y a peu de publications particulières sur la table de Claude ; elle doit entrer dans la seconde série de la Collection d'auteurs latins que publie M. Panckoucke. Voici le plus important des ouvrages dont elle a été l'objet : Zell (Card.), Claudii Imperatoris Oratio super civitate Gallis danda : *Friburgi-Brisgavorum, Grous*, 1833, in-4°.

Cette inscription est désignée dans divers Voyages en France, dont il n'y a pas lieu de s'occuper. « Nous aurions voulu collationner ces tables avec les nombreuses copies qui en ont été « publiées, dit Millin ; Voyage dans les départements du midi de la France, t., p. 482 ; « mais la statue colossale du Rhône est placée devant : il nous fut impossible de faire cette « vérification. »

Il existe d'assez nombreuses traductions en français de la table de Claude. Celle de Colonia est trop libre ; Menestrier est un peu plus fidèle, mais il laisse beaucoup à désirer : sa version n'est pas toujours intelligible. Spon s'est rapproché un peu plus du texte. Bresette est plus littéral que Spon, sans l'être cependant assez. La plus récente traduction est celle de M. Mermet (Histoire de la ville de Vienne durant l'époque gauloise, *Paris*, 1828, in-8°), mais elle n'est pas complète : M. Mermet n'a traduit que la seconde colonne. On trouve une version plus littérale dans l'Histoire de Lyon, p. 96-97.

On peut consulter encore sur la table de Claude : Caraxes (Symphor.), Gallia et Troph. gall. ; — Varnas, Marc., in Annal. Taciti, l. II, cap. 25 ; — Gruter, De officiis domus Augustæ, l. I, cap. 30 ; — Oxxvi, Remarks en France, Germany, Italy and Spain, t., 232 ; — Golnitz, Itinerarium, p. 317 ; — Vincenne, Annot. sur Tite Live (particulièrement sur la première table) ; — Lama (Pietro), Tavola alimentaria Velejate, p. 99.

On a pris très fréquemment des empreintes de la table de Claude ; deux *fac-similes* reproduisent quelques mots exactement dans les dimensions de l'original. L'un, très bien gravé, se trouve dans le Recueil des inscriptions antiques trouvées à Lyon ; l'autre fait partie de la nouvelle Histoire de Lyon. Ces savants, soit nationaux, soit étrangers, visitent chaque jour la table de bronze sous l'arcade n° du Palais des Arts, et en parlent comme des plus précieux de nos antiques monuments.

IV

Les deux textes du discours de l'empereur Claude en faveur des Gaulois sont la partie la plus importante de cette Monographie.

Il existe entre le discours de Claude dans Tacite, et la harangue qui a été gravée sur la table de bronze, des différences et des rapports dont l'étude n'est pas sans intérêt.

Quand on s'aperçut qu'une partie du discours prononcé par Claude manquait à la table de bronze, on dut espérer de la retrouver, en substance du moins, dans les Annales de Tacite, mais il n'en fut rien : le fragment conservé par le monument antique a deux fois plus de longueur que le discours entier tel qu'il a été donné par l'historien latin. Toutefois, malgré sa concision, Tacite n'a certainement rien oublié d'essentiel ; il est donc permis de croire que nous connaissons toute la pensée de l'empereur. Tacite a beaucoup abrégé, et il a, en outre, disposé les arguments de l'orateur dans un ordre plus logique que le bronze ne les montre. Celui-ci commence par une invitation adressée aux sénateurs à ne point considérer comme une nouveauté la proposition qui leur est soumise ; c'est justement la fin du discours dans l'historien. Le bronze place au milieu de la harangue les exemples cités par l'orateur impérial de sénateurs venus de l'étranger, tandis que Tacite, plus judicieux, en fait en quelque sorte son entrée en matière. Tacite est économe de noms propres et de détails, il se borne à l'indication des faits qu'il est absolument indispensable de rappeler ; Claude, au contraire, prodigue les hors-d'œuvre. Après avoir fait étalage de connaissances historiques, il délaie sa pensée dans de prolixes développements, sort à chaque instant de son sujet, recommande au sénat les fils de son ami Vestinus, et injurie un sénateur gaulois qui fut sans doute son ennemi. Après s'être mis lui-même en scène, il dit quelques mots de la cause des Gaulois chevelus, cite son père et parle encore de lui. Tacite a beaucoup embelli la parole du prince ; il lui a donné ce qu'elle n'avait pas, l'éclat, la concision et une grande force de logique : Claude se peint au naturel sur le bronze, il y est représenté comme aurait fait un miroir : mais le fond des idées n'en est pas moins le même dans les deux discours ; ils ont bien évidemment le même sujet.

Le paradoxal Menestrier n'est cependant pas de cet avis. Selon lui, la harangue de Claude dans Tacite est une sollicitation en faveur des habitants d'Autun, tandis que le discours inscrit sur la table de bronze a pour objet l'intérêt de Lugdunum, ville municipe dont il s'agissait de faire une colonie romaine. Il est difficile de comprendre son raisonnement en présence de textes très clairs. De quoi s'agit-il dans l'inscription gravée sur bronze et dans le discours de Claude, tel que le donne Tacite ? exactement du même objet, des intérêts de la Gaule chevelue, de l'admission des principaux de cette nation au droit aux honneurs. L'un et l'autre écartent l'imputation de nouveauté et appuient la proposition sur de nombreux exemples fournis par le passé ; ils se servent des mêmes arguments. Claude dit en termes formels sur le bronze : *Sed destricte jam Comatæ Galliæ causa agenda est.* Après de telles paroles, comment Menestrier a-t-il pu dire qu'il n'était pas question de la Gaule chevelue dans la table claudienne ?

Le discours de Claude, dans Tacite, ne nomme pas Lugdunum ; on lit sur le bronze ces mots, ex LVGDVNO HABERE NOS NOSTRI ORDINIS VIROS NON PÆNITET : ainsi l'empereur a fait une mention très expresse de Lugdunum ; mais on a vu déjà que Tacite élague les détails. Quant à la citation de Lugdunum faite par l'empereur, elle rappelle seulement un fait historique. Pas plus sur le bronze que dans Tacite, Claude ne parle en faveur de la colonie de Lugdunum ou même des Ségusiaves ; sa proposition, bien plus générale, concerne les principaux de la Gaule chevelue : *Primores Galliæ Comatæ.* Il m'en coûte de ne pouvoir rattacher plus directement la table de Claude à notre histoire ancienne, mais la vérité avant tout.[1]

Les questions archéologiques et historiques dont la table de Claude a été le sujet ont été débattues ; il est temps, maintenant, de faire parler les textes.

---

1. — Il faut bien le redire encore : aucune inscription ne donne à Lugdunum la qualité de municipe ; plusieurs désignent cette ville sous le titre de colonie : COLONIAS DEDVXIT LVGVDVNVM ET RAVRICAM, dit le monument de Plancus à Gaëte. Une pierre tumulaire, maintenant à Vienne, s'exprime plus catégoriquement encore ; on y lit :.... DECVRIONI COLONIAE LVGVDVNENSIS. J'ai dit autre part que la qualité de décurion ne se trouvait sur aucun des nombreux monuments lapidaires du Musée de Lyon (1850). La nouvelle Histoire de Lyon contient d'amples observations sur l'acception des mots LVGVDVNVM et LVGDVNVM : qu'on me permette d'y renvoyer.

DISCOVRS DE L'EMPEREVR CLAVDE DANS TACITE

(Annalium liber XI, § XXIV.)

« Majores nostri (quorum antiquissimus Clausus, origine Sabina[1], simul in civitatem romanam et in familias patriciorum adscitus est) hortantur, uti paribus consiliis remp. capessam, transferendo huc, quod usquam egregium fuerit. Neque enim ignoro, Julios Alba[2], Coruncanios[3] Cameria[4], Porcios Tusculo[5], et, ne vetera scrutemur, Etruria, Lucaniaque[6], et omni Italia in senatum accitos[7]. Postremo ipsam[8] ad Alpes promotam, ut non modo singuli viritim, sed terrae, gentes[9], in nomen nostrum coalescerent. Tunc solida domi quies, et adversus externa floruimus, quum Transpadani[10] in civitatem recepti, quum, specie deductarum per orbem[11] terrae[12] legionum, additis provincialium validissimis, fesso imperio subventum est. Num poenitet[13], Balbos ex Hispania, nec minus insignes viros[14] e Gallia Narbonensi transivisse? Manent posteri eorum, nec amore in hanc patriam nobis concedunt. Quid aliud exitio Lacedaemoniis et Atheniensibus fuit, quamquam armis pollerent, nisi quod victos pro alienigenis arcebant? At conditor noster Romulus tantum sapientia valuit, ut plerosque populos eodem die hostes, dein cives[15] habuerit. Advenae in nos regnaverunt. Libertinorum filiis[16] magistratus mandari, non, ut plerique falluntur, repens[17]; sed priori populo factitatum est. At cum Senonibus[18] pugnavimus? Scilicet Volsci et Aequi[19] numquam adversam nobis aciem instruxere! Capti a Gallis[20] sumus? Sed et Tuscis obsides dedimus[21], et Samnitium jugum[22] subivimus. Attamen, si cuncta bella recenseas, nullum breviore spatio[23], quam adversus Gallos, confectum: continua inde ac fida pax. Jam moribus, artibus, affinitatibus nostris mixti, aurum et opes suas inferant potius, quam separati habeant. Omnia, P. C., quae nunc vetustissima creduntur, nova fuere. Plebeii magistratus post patricios; Latini post plebeios; ceterarum Italiae gentium post Latinos. Inveterascet hoc quoque; et quod hodie exemplis tuemur, inter exempla erit. »

XXV. Orationem principis secuto Patrum consulto, primi Aedui senatorum in urbe jus adepti sunt.

« Mes ancêtres, dont le plus ancien, Clausus, d'origine sabine, fut admis à la fois dans la cité romaine et dans les familles de patriciens, m'invitent à suivre les mêmes conseils, en transportant ici tout ce qu'il y a d'illustre autre part. Je n'ignore point, en effet, qu'Albe nous a donné les Jules, Camerium les Coruncanius, Tusculum les Porcius, et, sans interroger les temps anciens, que l'Étrurie, la Lucanie et l'Italie entière ont fourni des membres au sénat; qu'enfin, reculant nos limites jusqu'aux Alpes, nous avons associé au nom romain, non quelques hommes, mais des nations et des contrées entières. Ce fut un temps de tranquillité profonde au dedans et de gloire au dehors, que celui où les Transpadans furent admis dans la cité, et où, pour remédier à l'épuisement de l'empire, les plus vaillants hommes des provinces furent incorporés dans nos légions dispersées sur toute la terre. Faut-il donc regretter que les Balbus soient venus d'Espagne, et d'autres hommes non moins illustres de la Gaule narbonnaise? Leur postérité subsiste encore, et leur amour pour la patrie n'est point inférieur au nôtre. Quelle autre cause de la ruine des Athéniens et des Lacédémoniens, malgré la gloire de leurs armes, si ce n'est qu'ils ont repoussé les vaincus comme étrangers? Mais notre fondateur Romulus eut tant de sagesse, qu'il vit le même jour la plupart des peuples, d'abord ses ennemis, puis ses concitoyens. Des étrangers régnèrent sur nous, des magistratures ont été conférées à des fils d'affranchis, et ce fut, non une chose nouvelle, comme on l'a cru à tort, mais un usage fréquent chez nos ancêtres. Mais nous avons eu la guerre avec les Sénonais? Apparemment les Èques et les Volsques n'ont jamais rangé contre nous d'armées en bataille! Nous avons été les prisonniers des Gaulois? Mais n'avons-nous pas donné des otages aux Toscans, et subi le joug des Samnites? Cependant, si nous récapitulons toutes nos guerres, nous trouverons qu'aucune n'a été terminée en si peu de temps que celle des Gaulois, et depuis lors la paix a été solide et durable: ils sont déjà mêlés à nous par leurs mœurs, leurs alliances et leurs arts; qu'ils nous apportent leur or et leurs richesses, plutôt que d'en jouir seuls. Tout ce qui paraît le plus ancien, Pères Conscrits, a été nouveau autrefois: les magistrats plébéiens sont venus après les patriciens, les latins après les plébéiens, et les autres nations de l'Italie après les Latins. Notre décret aussi vieillira; et ce que nous justifions aujourd'hui par des exemples, servira d'exemple à son tour. »

XXV. Le discours du prince fut suivi d'un sénatus-consulte, et les Éduens obtinrent les premiers le droit de cité.

---

1. — Patricia gens Claudia... orta est ex Regillis, oppido Sabinorum. Inde Romam recens conditam cum magna clientum manu commigravit, auctore Tito Tatio, consorte Romuli: vel quod magis constat, Atto Clauso gentis principe, post reges exactos annis fere tantum, a patribus in patricios cooptata. (Vide et Livium, II, 16). Sic quoque Virgilius, Æneid., VII, 706:

> Ecce Sabinorum prisco de sanguine magnum
> Agmen agens Clausus, magnique ipse agminis instar:
> Claudia nunc a quo diffunditur et tribus et gens
> Per Latium, postquam in partem data Roma Sabinis.

Sabini, nunc partie de l'Ombrie et de l'Abbruzze ultérieure. De Claudiorum origine plura adhuc et accuratiora habet Pitiscus in la *Publicola*, p. 168. (Baenius.)

2. — Albae urbis Latinorum adhuc visuntur rudera in monte Albano. Haud procul urbe Albano. (Baenius.)

3. — Cicer., *Planc.*, 8, Tusculanos facit, ut jam monuit Brossus, item *pro Sall.*, 7. In quibus locis mihi emendandum, bene monuit Pontus, *An. hist.*, p. 193. Quod in rebus tam antiquis varios auctores sequi potuerint Cicero et Tacitus. (Baenius.)

4. — Camerium, urbs Sabinorum, Albae vicina, nemine periit. Stephanus, *de Celibus*, dicitur ΚΑΜΑΡΙΑ, Alba colonia. Coruncanios Tusculanos facit Tacitus, *pro Plancio*, vir, quod, Camerio a fundamentis everso, Tusculum accesserit. (Baenius.)

5. — Tusculum, urbs Latinorum: manent rudera prope Frascati. (Baenius.)

6. — *Nunc* partie de la Basilicate, de la Principauté, et de la Calabre ultérieure. (Baenius.)

7. — Hinc apparet, Italiam non protendi usque ad Alpes, quando aut de jurisdictione, aut de privilegiis agitur. Quamobrem Transpadanos C. Julio: Crassum Pompeianumque in urbem provincia suae Lucam extractor compulit..... Idem emiseruntque cohortes, ad Rubiconem flumen, qui provinciae ejus finis erat. Constat autem Julium Caesarem protulisse utrique Galliae. (Vassan.)

8. — Romam intelligo et civitatem. (Vassan.) — Non Italiam intelligo, sed ipsam civitatem romanam. (Pichena.)

9. — Codd. Vass. Agr., et ed. pr. absque repuls, *sed terra, gentes*. (Vassan.) Copulam non habet lib., nisi a r. m.

10. — Qui ultra Padum habitabant: nunc le duché de Milan, l'état de Venise. (Baenius.)

11. — In colonies nempe deductarum: iisque misti e provincialibus fere semper aliqui, eodem jure. (Lers.)

12. — Quanta arte legiones per orbem terrae essent deductae, videmus supra i Tac., Annal., IV, 5. (Baenius.)

13. — Sic edd. omnes quas vidi, praeter Gronovianas, in quibus est non; Sic tamen est in Ms. Graef, qui et non valebit ratione pro num, n. 20. (Vassan. Brx., num.)

14. — Sub hac voce familiae mjundam nomen latere putat Mendez; placet et Aemilius et Brinius.

15. — Brx., *eadem cives*: non male. Sol e. m. ex *eodem* facit dein.

16. — Sueton., in *Claud.*, XXIV. Claudium ignorantiae arguit hic verbis: Reprehendebantur veteres, etiam Appium Caecum, generis sui jura auctorem, censuerat, libertinorum filios in senatum allegisse docuit: ignoros, temporibus Appii, et deinceps aliquandiu libertinos dictos, non ipsos qui manu mitterentur, sed ingenuos ex his procreatos. (Sueton.). Et nunc vere, non libertorum filii adeo a variis evasci temporibus priscis, at nec in militiam sint admissi. Et bello Italico libertini primum militiae experiuntur, et monet *Epitome Livianus*, 72. (Lers.). — Vel. p.

17. — Sic veteres ac Tacitus dixere pro *recens*. (Baenius). — Ceterum usque ad Plebeiam, *recens*: quia enim sic est in Ms., 6, 7; nec credibile librarios *recens* mutasse in *repens*, quum omnes saepe factum sit: *repens* etiam libris dedi *instruxere* pro vulg. *struxere*. Praecedens littera, ut saepe, absorpsit. Sic etiam Cod. Reg. apud Brxsen, et Vossi op. Lovano in margine. r. m. *recens*. Mox idem *Instruxere* Sic et Vel.)

18. — Populi Lugdunensis Galliae potentissimis, nunc les dieux [?] Sénones, I, 13. Galli Senones, gens natura ferox, moribus incondita, perinde armis ingentibus, adeo omni genere terribilis fuit, ut plane nata ad hominum interitum, urbium stragem videretur.

19. — Volsci, nunc la partie méridionale de la Campagne de Rome près de la source du Teverone. (Baenius.)

20. — A Gallis Senonibus.

21. — Capti Janicuio, obsides Porsennae, regis Etruriae, dedere Romani anno U. C. CCXLVI. (Lers., II, 13. — Tacitus, XXVI, 13.)

22. — Romani, Caudinas ad furcas turpiter a Samnitibus victi, turpius sub jugum missi cum utroque consule seminudo, anno U. C. CDXXXIII. Quod Gelidius describit Livius, IX, 5, 6. (Baenius.)

23. — Decennio a Julio Caesare domita Gallia. (Baenius.) Ita, si Galliam Comatam egerins, de qua hic agitur: nam decimo anno a Caesare perdomita est. Aliter in aliis, quod historiae dicunt. (Lers.)

DISCOVRS DE CLAVDE SVR LE MONVMENT DE LYON

(Palais des Arts, Arcade V.)

MAE KERVM VO   LSIIV

EQVIDEM . PRIMAM . O[MN]IVM . ILLAM . COGITATIONEM . HOMINVM . QVA[M]
MAXIME . PRIMAM . OCCVRSVRAM . MIHI . PROVIDEO . DEPRECOR . NE
QVASI . NOVAM . ISTAM . REM . INTRODVCI . EXHORRESCATIS . SED . ILLA
POTIVS . COGITETIS . QVAM . MVLTA . IN . HAC . CIVITATE . NOVATA . SINT . E[T]
QVIDEM . STATIM . AB . ORIGINE . VRBIS . NOSTRAE . IN . QVOD . FORMAS
STATVSQVE . RES . P . NOSTRA . DIDVCTA . SIT
QVONDAM . REGES . HANC . TENVERE . VRBEM . NEC . TAMEN . DOMESTICIS . SVCC[E]S
SORIBVS . EAM . TRADERE . CONTIGIT . SVPERVENERE . ALIENI . ET . QVIDAM . EX
NI . VT . NVMA . ROMVLO . SVCCESSERIT . EX . SABINIS . VENIENS . VICINVS . QV[I]
DEM . SED . TVNC . EXTERNVS . VT . ANCO . MARCIO . PRISCVS . TARQVINIVS
PROPTER . TEMERATVM . SANGVINEM . QVOD . PATRE . DEMARATHO . C[O]
RINTHIO . NATVS . ERAT . ET . TARQVINIENSI . MATRE . GENEROSA . SED . INOP[I]
VT . QVAE . TALI . MARITO . NECESSE . HABVERIT . SVCCVMBERE . CVM . DOMI . RE
PELLERETVR . A . GERENDIS . HONORIBVS . POSTQVAM . ROMAM . MIGRAVIT
REGNVM . ADEPTVS . EST . HVIC . QVOQVE . ET . FILIO . NEPOTIVE . EIVS . NAM . ET
HOC . INTER . AVCTORES . DISCREPAT . INSERTVS . SERVIVS . TVLLIVS . SI . NOSTROS
SEQVIMVR . CAPTIVA . NATVS . OCRESIA . SI . TVSCOS . CAELI . QVONDAM . VI
VENNAE . SODALIS . FIDELISSIMVS . OMNISQVE . EIVS . CASVS . COMES . POST
QVAM . VARIA . FORTVNA . EXACTVS . CVM . OMNIBVS . RELIQVIS . CAELIAN[I]
EXERCITVS . ETRVRIA . EXCESSIT . MONTEM . CAELIVM . OCCVPAVIT . ET . A . DVCE . SVO
CAELIO . ITA . APPELLITATVS . MVTATOQVE . NOMINE . NAM . TVSCE . MASTARNA
EI . NOMEN . ERAT . ITA . APPELLATVS . EST . VT . DIXI . ET . REGNVM . SVMMA . CVM . REI
P . VTILITATE . OPTINVIT . DEINDE . POSTQVAM . TARQVINI . SVPERBI . MORES
VISI . CIVITATI . NOSTRAE . ESSE . COEPERVNT . QVA . IPSIVS . QVA . FILIORVM . E[IVS]
NEMPE . PERTAESVM . EST . MENTIS . REGNI . ET . AD . CONSVLES . ANNVOS . MAG[IS]
TRATVS . ADMINISTRATIO . REI . P . TRANSLATA . EST
QVID . NVNC . COMMEMOREM . DICTATVRAE . HOC . IPSO . CONSVLARI . [IMPE]
RIVM . VALENTIVS . REPERTVM . APVD . MAIORES . NOSTROS . QVO . IN . A[S]
PERIORIBVS . BELLIS . AVT . IN . CIVILI . MOTV . DIFFICILIORE . VTERENTV[R]
AVT . IN . AVXILIVM . PLEBIS . CREATOS . TRIBVNOS . PLEBEI . QVID . A . CONS[V]
LIBVS . AD . DECEMVIROS . TRANSLATVM . IMPERIVM . SOLVTOQVE . POS[T] . EA[M]
DECEMVIRALI . REGNO . AD . CONSVLES . RVSVS . REDITVM . QVID . IN . V
RIS . DISTRIBVTVM . CONSVLARE . IMPERIVM . TRIBVNOSQVE . MI[L]
CONSVLARI . IMPERIO . APPELLATOS . QVI . SENI . ET . SAEPE . OCTONI . CREAREN
TVR . QVID . COMMVNICATOS . POSTREMO . CVM . PLEBE . HONORES . NON . IMPERI
SOLVM . SED . SACERDOTIORVM . QVOQVE . IAM . SI . NARREM . BELLA . A . QVIBVS
COEPERINT . MAIORES . NOSTRI . ET . QVO . PROCESSERIMVS . VEREOR . NE . NIMIO
INSOLENTIOR . ESSE . VIDEAR . ET . QVAESISSE . IACTATIONEM . GLORIAE . PRO
LATI . IMPERI . VLTRA . OCEANVM . SED . ILLOC . POTIVS . REVERTAR . CIVITAT

ISI . SANE   ET . PATRVVS . TI
NO   DIVVS . AVG.
CAESAR . OMNEM . FLOREM . VBIQVE . COLONIARVM . AC . MVNICIPIORVM . BO
NORVM . SCILICET . VIRORVM . ET . LOCVPLETIVM . IN . HAC . CVRIA . ESSE . VOLVIT
QVID . ERGO . NON . ITALICVS . SENATOR . PROVINCIALI . POTIOR . EST . IAM
VOBIS . CVM . HANC . PARTEM . CENSVRAE . MEAE . ADPROBARE . COEPERO . QVID
DE . EA . RE . SENTIAM . REBVS . OSTENDAM . SED . NE . PROVINCIALES . QVIDEM
SI . MODO . ORNARE . CVRIAM . POTERINT . REICIENDOS . PVTO
ORNATISSIMA . ECCE . COLONIA . VALENTISSIMAQVE . VIENNENSIVM . QVAM
LONGO . IAM . TEMPORE . SENATORES . HVIC . CVRIAE . CONFERT . EX . QVA . COLO
NIA . INTER . PAVCOS . EQVESTRIS . ORDINIS . ORNAMENTVM . L . VESTINVM . FA
MILIARISSIME . DILIGO . ET . HODIEQVE . IN . REBVS . MEIS . DETINEO . CVIVS . LIBE
RI . FRVANTVR . QVAESO . PRIMO . SACERDOTIORVM . GRADV . POST . MODO . CVM
ANNIS . PROMOTVRI . DIGNITATIS . SVAE . INCREMENTA . VT . DIRVM . NOMEN . LA
TRONIS . TACEAM . ET . ODI . ILLVD . PALAESTRICVM . PRODIGIVM . QVOD . ANTE . IN . DO
MVM . CONSVLATVM . INTVLIT . QVAM . COLONIA . SVA . SOLIDVM . CIVITATIS . ROMA
NAE . BENEFICIVM . CONSECVTA . EST . IDEM . DE . FRATRE . EIVS . POSSVM . DICERE
MISERABILI . QVIDEM . INDIGNISSIMOQVE . HOC . CASV . VT . VOBIS . VTILIS
SENATOR . ESSE . NON . POSSIT
TEMPVS . EST . IAM . TI . CAESAR . GERMANICE . DETEGERE . TE . PATRIBVS . CONSCRIPTIS
QVO . TENDAT . ORATIO . TVA . IAM . ENIM . AD . EXTREMOS . FINES . GALLIAE . NAR
BONENSIS . VENISTI
TOT . ECCE . INSIGNES . IVVENES . QVOT . INTVEOR . NON . MAGIS . SVNT . PAENITENDI
SENATORES . QVAM . PAENITET . PERSICVM . NOBILISSIMVM . VIRVM . AMI
CVM . MEVM . INTER . IMAGINES . MAIORVM . SVORVM . ALLOBROGICI . NO
MEN . LEGERE . QVOD . SI . HAEC . ITA . ESSE . CONSENTITIS . QVID . VLTRA . DESIDERA
TIS . QVAM . VT . VOBIS . DIGITO . DEMONSTREM . SOLVM . IPSVM . VLTRA . FINES
PROVINCIAE . NARBONENSIS . IAM . VOBIS . SENATORES . MITTERE . QVANDO
EX . LVGVDVNO . HABERE . NOS . NOSTRI . ORDINIS . VIROS . NON . PAENITET
TIMIDE . QVIDEM . P . C . EGRESSVS . ADSVETOS . FAMILIARESQVE . VOBIS . PRO
VINCIARVM . TERMINOS . SVM . SED . DESTRICTE . IAM . COMATAE . GALLIAE
CAVSA . AGENDA . EST . IN . QVA . SI . QVIS . HOC . INTVETVR . QVOD . BELLO . PER . DE
CEM . ANNOS . EXERCVERVNT . DIVOM . IVLIVM . IDEM . OPPONAT . CENTVM
ANNORVM . IMMOBILEM . FIDEM . OBSEQVIVMQVE . MVLTIS . TREPIDIS . RE
BVS . NOSTRIS . PLVSQVAM . EXPERTVM . ILLI . PATRI . MEO . DRVSO . GERMANIAM
SVBIGENTI . TVTAM . QVIETE . SVA . SECVRAMQVE . A . TERGO . PACEM . PRAES
TITERVNT . ET . QVIDEM . CVM . AD . CENSVS . NOVO . TVM . OPERE . ET . IN . AD . SVE
TO . GALLIS . AD . BELLVM . AVOCATVS . ESSET . QVOD . OPVS . QVAM . AR
DVVM . SIT . NOBIS . NVNC . CVM . MAXIME . QVAMVIS . NIHIL . VLTRA . QVAM
VT . PVBLICE . NOTAE . SINT . FACVLTATES . NOSTRAE . EXQVIRATVR . NIMIS
MAGNO . EXPERIMENTO . COGNOSCIMVS

TABLE DE CLAVDE AVEC LA PONCTVATION [1]

(In pagina prima.)

..... mae rerum no... . sii.....

Equidem primam omnium illam cogitationem hominum quam maxime primam occursuram mihi provideo. Deprecor ne quasi novam istam rem introduci exhorrescatis, sed illa potius cogitetis quam multa in hac civitate nova sint, et quidem statim ab origine urbis nostrae : in quot formas statusque resp. nostra diducta sit. [2]

---

[1] — Je crois parfaitement inutile de donner les variantes de la table de Claude : M. Zell a dû les recueillir; mais les planches qui accompagnent cette Monographie fixent invariablement le texte.

[2] — Exemplar hujusce orationis Claudii, aerea tabula, longa pedes quinque, uncias octo, lata pedes quatuor, unciam unam, incisa, repertum est Lugduni in colle Sancti Sebastiani anno MDXXVIII, quum rimandis aquis funderetur terra, ut docet P. de Colonia, S. J. (*Histoire littéraire et Antiquités de Lyon*, 1, 134). Quam eam accuratissime editam vellem. Cl. Beraud, pro sua humanitate, a se descriptam et cum exemplari collatam ad me transmisit, unde singulior quam apud Gruterum Dii, ipsaeque de Colonia, servata etiam interpungendi ratione, hic repraesentabitur. Periit, ut mihi videtur, altera tabula, aut forte pars superior hujus tabulae, in qua titulus orationis et aliquot erant orationis lineae. Ipsa etiam, quae superest, tabula, in duas partes injuria temporum diffracta. Nunc, et licuit, fragmenta, exstat in Lugdunensi praetorio, *la maison de ville*. (Kervn.)

On verra, par la comparaison de cette pièce originale avec le texte de Tacite, combien, dans ses harangues, ce grand historien est fidèle à la vérité historique, tout en prêtant aux personnages qu'il fait parler son style et son éloquence. (Brasseur. II, 514.)

Quondam reges hanc tenuere urbem, nec tamen domesticis successoribus eam tradere contigit : supervenere alieni et quidem externi, ut Numae Romulo successerit ex Sabinis veniens, vicinus quidem, sed tunc externus; ut Anco Marcio Priscus Tarquinius : propter temeratum sanguinem, quod patre Demaratho Corinthio[1] natus erat et Tarquiniensi matre generosa, sed inopi, ut quae tali marito necesse habuerit succumbere, quum domi repelleretur a gerendis honoribus, postquam Romam migravit, regnum adeptus est. Huic quoque et filio nepotive ejus[2], nam et hoc inter auctores discrepat, insertus Servius Tullius, si nostros sequimur, captiva natus Ocresia[3]; si Tuscos, Caeli quondam Vivennae sodalis fidelissimus omnisque ejus casus comes, postquam varia fortuna exactus cum omnibus reliquis Caeliani exercitus Etruria excessit, montem Caelium occupavit; et a duce suo Caeli ita appellitatus, mutatoque nomine, nam Tusco Mastarna ei nomen erat, ita appellatus est, ut dixi; et regnum summa cum reip. utilitate obtinuit : deinde postquam Tarquinii Superbi mores invisi civitati nostrae esse coeperunt, qua ipsius, qua filiorum ejus nempe pertaesum est mentes regni, et ad consules annuos magistratus, administratio reip. translata est.

Quid nunc commemorem dictaturae hoc ipso consulari imperium valentius repertum apud majores nostros, quo in asperioribus bellis aut in civili motu difficiliore uterentur, aut in auxilium plebis creatos tribunos plebei? Quid a consulibus ad decemviros translatum imperium, solutoque postea decemvirali regno ad consules rursus reditum? Quid in decurias distributum consulare imperium tribunosque militum consulari imperio appellatos, qui seni et saepe octoni[4] crearentur? Quid communicatos postremo cum plebe honores non imperi solum, sed sacerdotiorum quoque? Jam si narrem bella a quibus coeperint majores nostri, et quo processerimus, vereor ne nimio insolentior esse videar et quaesisse jactationem gloriae prolati imperii ultra Oceanum[5]; sed illoc potius revertar civitatem.....

(In pagina secunda.)

.... sane..... novo[6] ..... Divus Aug..... no...lus et patruus Ti..... Caesar omnem florem ubique coloniarum ac municipiorum, bonorum scilicet virorum et locupletium, in hac curia esse voluit. Quid ergo? Non Italicus senator provinciali potior? Est. Jam vobis quum hanc partem censurae meae[7] adprobare coepero, quid de ea re sentiam, rebus ostendam; sed ne provinciales quidem, si modo ornare curiam poterint, reiciendos puto.

Ornatissima ecce colonia valentissimaque Viennensium quam longo jam tempore senatores huic curiae confert? Ex qua colonia inter paucos equestris ordinis ornamentum L. Vestinum familiarissime diligo, et hodieque in rebus meis detineo[8] : cujus liberi fruantur quaeso primo sacerdotiorum

---

1. — Demaratus ornare exhibent, nisi quod Spanius Demaratho cum alias plerumque Demaratus usurpetur. Eadem nominis forma [illegible] apud Dionys. Hist., III, 46. Ceterum addendus est hic legem earum scriptorum locis, qui Tarquinium regem Demarati Corinthii filium esse tradiderunt, quod quidam contra fidem antiquissimorum rei romanae monumentorum fidei suspicatur [illegible] (Roemisch. Geschichte, I, 387, 389), atque K.-O. Müller (Etrusker, I, 101) primitus non in Italicarum rerum memoria sed Corinthiarum traditum fuisse arbitratur. Claudium h. l. Etruscorum monumentorum in hac re vel famam vel fidem secutum esse, vix est quod dubitemus, quorum tam curiosus et peritus erat. Idem fecisse videtur Dionysius Halicarnassensis, qui quum [illegible] se in historia Demarati et Tarquinii enarranda sequi profitetur, vix alias quam Etruscas significasse putandus est; quod quidem et [illegible] non est sententia (Die ältere Geschichte des rom. Staates, 155). Matrem Tarquinii generosae stirpis fuisse Dionysius quoque Halicarnassensis tradit (III, 48); ejusdem amisisi inopia coactam peregrino marito [illegible] amnibi Claudius, quantum scio, auctor est. Quod sanguinem Tarquinii temeratum dicit, ejus rei peregrinitas neque mercenarius quaestus patris in causa est, cum Etrusci et ipsi mercaturam exercerent. Quandoquidem fidem gentium nobilitatem et inscriptum stemmatum ordinem respexerint, satis constat. (Cf. K.-O. Müller, Etrusker, I, 409.) (Zum., 27.)

2. — Annalium scriptores excepto Pisone, Cicero, livius Tarquinium Superbum Tarquinii Prisci filium, Piso cumque secutus Dionysius Halicarnassensis nepotem perhibent. — V. de hac controversia accuratissime disputantem [illegible] (Rom. Geschichte, I, 384). Notabilis est h. l. usus verbi discrepat, impersonaliter usurpati, ut apud [illegible] in Claud., cap. 41. Et rursus quidem occisum (i. e. Claudium) constat; ubi autem et per quem [illegible], discrepat. (Zum.)

3. — Cf. Dionys. Halicarn. (IV, 1), ubi nominis scriptio paulo differt : ea enim [illegible]. Quod unus ex Etruscis fontibus affertur de Servii Tullii origine, nomine, cum Caelio Vibenna, etrusco duce, sodalitio, ejusque adventu, perquam memorabile est, neque usquam alias ita diserte traditur. — [illegible] (Rom. Geschichte, I, 383) deum nostra aetate hunc nostrum locum indagiavit, a rerum scriptoribus fere neglectum, etsi jam a Lipsio ad Tacit. Annal. (IV, 65) prolatum cum aliis veterum locis, qui etsi diversa de Caelio Vibenna perhibent, in eo tamen consentiunt, ut civitas montem Caelium urbis inde nomen traxisse tradant. — Cf. omnino de hac re [illegible], I. l. et K.-O. Müller (Etrusker, I, 117). Nomen ducis illius Etrusci varie scribitur, modo Caelius, modo Cales, etiam Coelius, Vibenna, Vibennas, Vivenna. Nostra loco primum in priori [illegible] diphthongus usurpatur, quae scribendi ratio alteri praeferenda [illegible], 384, not. 99). Deinde est Caelius, non Cales. Nam quod Niebuhrius suspicatur genitivum Caeli vers. 18 antiqua forma paul., ut Paras, Persi, a Claudio antiquitatis amatore eandemque pertinere litteram : in fine vocabuli non longiora ducta verba sed minuscula solita sculptata : hoc mihi [illegible] esse videtur. Hoc enim vers. 22 est Caelio : tum illud inter simplex et duplicatum discrimen in his tabulis aut nusquam si exemplum Menesierorum sequimur, aut, si Spanium, nulla ratione certa observatur. In monumentis Etruscorum [illegible]

6. — Vocabulum novo apud Spanium deest. Ceterum hoc loco quantum e verborum vestigiis et sententiarum nexu conjicere licet, de ratione imperator disseruit, quam Augustus in legendo senatu secutus est provinciales non spretos : neque mirum fortasse Julii Caesaris in re senatoriam adhibuit. Non Julius Caesar in senatoribus legendis tantum abuit, ut provinciales rejiceret, ut in suum tum plurimos quamvis indignos admittere [illegible] (Dio Cass., XLIII, 547). De Gallis diserte Suetonius tradit : « Civitate donatos et quosdam e semibarbaris Gallorum recipit in curiam. » Augustus senatum et numero nimium quantum auctum (erant enim super mille senatores), ita dignitate exornatum ad decus pristinum reducere statuit. (Sueton., Octavius, cap. 35.) Senatum ter legit, cujus rei ipse auctor habetur in monumento Ancyrano. Tab. II, v. 1, quod triplex senatus legendi ratione etiam apud Dionem Cassium accuratius consideranti apparet. Jam in his lectionibus eum non legimus solos urbis alumnos, solos Italicos, sed dignissimum quemque deligere. Atque hoc ipsum, ut videtur, Claudius h. l. significaverunt. Cum iterum senatum legeret, singularem et tum novam, ut videtur, viam ingressus est, ut particula senatorum ipse legeret, alteram sorte, tertiam ab aliis senatoribus legi juberet. Atque eo fortasse pertinet vocabulum novo, vers. V. Quod deinde Claudius dicit Tiberium Caesarem, patronum suum, ubique e coloniis et municipiis optimos quosque et ditissimos in senatu esse voluisse, nihil apud rerum scriptorum ad hanc sententiam firmandum adhuc reperi. Quanquam eo fortasse pertinet, quod Tiberius quorundam senatorum pauperiorum census juvisse narratur (Tacit., Annal., II, 37) inter quos, ut suspicari licet, non solum urbanorum atque item Italicorum. Ceterum Menestierii manifestus error est hunc locum ita explicantis, quasi vero ibidem de Lugduno nominatim sermo esset, atque dicente Claudio diceret, jam Tiberium priores Lugduni in senatum recepisse, quod ex hoc recte quidem loco concludi nequit. (Zum.)

7. — Qui ante Claudium principes fuerant censorii muneris jura et dignitatem tenuerunt neque vero assumserant nomen praeterquam in ipso censu agendo (V. Dion. Cass., cap.). Claudius renovatis nomen non sprevit; qua propter censuram gessisse a Suetonio dicitur in Claud., 16. [illegible] die post Plautium Paulumque censores (u. c., 751). Quam inepte et ridicule haud una in re eum aera funestus sit, Suetonius, l. l., narrat. Collegam in censura habuit Vitellium, ut colligi licet e Tacit. Annal., XII, 5. Duo in hac oratione censorii muneris sui partes commemorantur a Claudio. lustrum et senatus lectio. De lustro jam ante quam hanc orationem haberet condito, infra videbimus. Senatus lectionem, quam hac loco a se habendam significat Princeps, paulo post hanc orationem Principis factam esse, apparet e Tacit. Annal., XII, 5. Ita enim quum narret quibus Agrippina artibus Silanus, cui Octavia, Claudii filia, desponsa erat, Vitellio subministrante circumventus sit, legimus : « Silanus repente per edictum Vitellii ordine senatorio movetur, quanquam lecto pridem senatu, lustroque condito. » Jam hanc Silani cladem in annum U. C. 802 (49 p. Chr.) incidit; hac oratio a Claudio habita est anno proxime praecedente (801 u. c.). Hoc eo magis tenendum est, quia [illegible]

8. — Puto hunc esse, ita intelligendo, equitem Romanum [illegible], quem potissimum ex ordine reperiri, etiam e libertis semper esse constat. Atque eum Claudius Procuratorum summo potentissimi et dignitatem ultra modum ornatus consilio aperti juvaret (Tacit., Ann., XII, 60), minus mirandum. Vestinum cum filiis tam honoratos hic loco laudat commemoratque. (Zum.)

gradu [1], post modo cum annis promoturi dignitatis suæ incrementa : ut dirum nomen latronis taceam [2]; et odi illud palæstricum prodigium, quod ante in domum consularem intulit, quam colonia sua [3] solidum civitatis romanæ beneficium consecutus est : idem de fratre ejus possum dicere miserabili quidem indignissimoque hoc casu, ut vobis utilis senator esse non possit.

Tempus est jam, Ti. Cæsar Germanice [4], detegere te Patribus Conscriptis, quo tendat oratio tua : jam enim ad extremos fines Galliæ Narbonensis venisti.

Tot ecce insignes juvenes [5], quot intueor, non magis sunt pœnitendi senatores, quam pœnitet Persicum nobilissimum virum, amicum meum, inter imagines majorum suorum Allobrogici nomen legere. Quod si hæc ita esse consentitis, quid ultra desideratis, quam ut vobis digito demonstrem, solum ipsum ultra fines provinciæ Narbonensis jam vobis senatores mittere ; quando ex Lugduno habere nos nostri ordinis viros non pœnitet. Timide quidem, P. C., egressus adsuetos familiaresque vobis provinciarum terminos sum : sed districte jam Galliæ Comatæ causa agenda est, in qua si quis hoc intuetur, quod bello per decem annos exercuerunt Divom Julium, idem opponat centum annorum immobilem fidem obsequiumque multis trepidis rebus nostris plusquam expertum. Illi patri meo Druso [6] Germaniam subigenti tutam quiete sua securamque a tergo pacem præstiterunt ; et quidem quum ad census [7] novo tum opere et inadsueto Galliis ad bellum avocatus esset : quod opus quam arduum sit nobis, nunc quum maxime, quamvis nihil ultra, quam ut publice notæ sint facultates nostræ, exquiratur, nimis magno experimento cognoscimus. [8]

(Première page, colonne de gauche.)

Je prévois, à la vérité, l'objection qui, se présentant à la pensée de tous, me sera la première opposée.

..... Mais ne vous révoltez pas contre la proposition que je fais, et ne la considérez point comme une nouveauté dangereuse. Voyez plutôt combien de changements ont eu lieu dans cette cité, et combien, dès l'origine, les formes et l'état de notre république ont varié. Des rois ont gouverné cette ville autrefois ; il ne leur est point arrivé, cependant, de transmettre le pouvoir à des successeurs dans leurs familles : d'autres sont venus de dehors, quelques-uns furent étrangers. Après Romulus régna Numa, venant du pays des Sabins, notre voisin sans doute, mais étranger cependant, de même que Tarquin l'ancien, successeur d'Ancus Marcius. Né d'une mère noble, mais que sa pauvreté avait obligée à prendre pour époux Démarathe de Corinthe, Tarquin se voyait repoussé, dans sa patrie, de la carrière des honneurs par la souillure de son sang ; il alla à Rome, et en devint le roi. Fils de la captive Ocrésia, si nous en croyons les nôtres, Servius Tullius prit place sur le trône entre ce prince et son fils ou son petit-fils, car les auteurs varient sur ce point. Si nous suivons les Toscans, il fut le compagnon de Cælius Vibenna, dont il partagea toujours le sort. Chassé par les vicissitudes de la fortune avec les restes de l'armée de Cælius, Servius sortit de l'Étrurie, et vint occuper le mont Masterna dont il changea le nom toscan, comme je l'ai dit, en celui de Cælius son chef, et il obtint la royauté pour le plus grand bien de la république. Ensuite, les mœurs de Tarquin et de ses fils les ayant rendus odieux à tous, le gouvernement monarchique lassa les esprits, et l'administration de la république passa à des consuls, magistrats annuels. Rappellerai-je maintenant la dictature, supérieure en pouvoir à la dignité consulaire, et à laquelle nos ancêtres avaient recours dans les circonstances difficiles qu'amenaient nos troubles civils ou des guerres dangereuses ; ou les tribuns plébéiens, institués pour défendre les intérêts du peuple ? Passé des consuls aux décemvirs, le pouvoir, lorsqu'il fut ôté au décemvirat, ne revint-il pas aux consuls ? La puissance consulaire ne fut-elle pas ensuite transmise tantôt à six, tantôt à huit tribuns militaires ? Dirai-je les honneurs, non-seulement du commandement, mais encore du sacerdoce, communiqués plus tard au peuple ? Si je racontais les guerres entreprises par nos ancêtres et qui nous ont faits ce que nous sommes : je craindrais de paraître trop orgueilleux et de tirer vanité de la gloire de notre empire étendu jusqu'au-delà de l'Océan ; mais je reviendrai de préférence à cette ville......

---

1. — Qui sacerdotium gradus hic significetur certis argumentis non definiverim, etsi tanquam de re communi nec frequentata Princeps loqui videtur. Sacerdotia romana ex ordine, qualem Numa instituit, Dionysius Halic. recenset et ordinibus distincta. Quem si sequamur, Curionum primum in sacerdotiis gradum fuisse statuemus. Sed nescio an omnino hic antiquissimus sacerdotiorum ordo non amplius servatus permanserit. (ZELL.)

2. — P. DE COLONIA (*Histoire littér. de la ville de Lyon*, vol. 1, p. 115) refert ad Valerium Asiaticum, his consulem, a Claudio oratum, tanquam præcipuum auctorem interficiendi Caii Caligulæ, ut dictum est *Annal.*, xi. 1. Nec improbabilis est conjectura, si Valerius Asiaticus fuerit origine Viennensis, ut ait P. Colonia. (TALLE., Lemaire, iv, 179). Is, in quem Claudius tam acerbe suppresso nomine invehitur, Valerius Asiaticus est, opibus et fama clarus, qui familibus Messalina Vitellio accusante eversus voluntaria morte magna animi constantia occubuit : Viennæ eum genitum esse Tacitus, l. l., refert, et bis consulem ; iterum consul fuit a. U. 810 cum M. Silano. (DIO CASS., LX. 27). Quo anno primum consulatum gesserit, accurate definiri nequit ; eorum saltem tum fuisse videtur, quoniam in fastis nomen ejus non reperitur. Sed hoc liquido constat, hunc quidem ejus consulatum in tempus regni Caiani vel etiam prius incidere, eum eo tempore, quo Caius occideretur, inter viros consulares esset. (DIO CASS., LIX. 30). (ZELL.)

3. — Quodnam hoc ædilium civitatis romanæ beneficium sit, quod Claudius Viennam post eam salutem Valerii Asiatici (a. U. C. 798) consecutam dicit, non satis liquido constat. Sed, si quid video, alterutrum fuit, aut jus honorum, quæ ante hoc tempus civitas Viennensis, et si colonia civium Romanorum (PLIN., *Hist. nat.*, iv, 5), caruit, aut jus Italicum, et speciatim soli immunitas, qua Viennam usam esse scimus ex l. 8, § 1. *Dig., de Censibus*. — Cf. Savigny, *Geschichte des roem. Rechtes im Mittelalter*, 1, 35. (ZELL.)

4. — J'ai parlé ailleurs de cette singulière interpellation, et démontré que Claude se l'était adressée à lui-même. De toutes les manières de l'expliquer, la plus mauvaise est celle qui le place dans la bouche de sénateurs excédés par la prolixité de l'orateur impérial.

5. — Hos juvenes senatores, quos in curia præsentes Claudius intuetur, Allobroges vel ex contermina regione fuisse, loci ratio satis clare demonstrat. Sed quisnam Senatores juvenes appellavit ? Res ita se habet : intelligendi sunt Equites, qui jus haberent atque adeo officium senatus frequentandi. Verbo ; sunt procul dubio Equites, qui vocabantur illustres, de quibus docte disputat Lipsius ad Tac. *Annal.*, xi. 4, prætermittens tamen Dionis Cassii locum eodem pertinentem (lib. lx, cap. ii), ubi narratur : Claudium Equites quosdam ad tribunatum plebis admisisse, reliquos autem omnes coegisse in senatum, quoties vocarentur, venire. (ZELL.)

6. — Errat Gruterus, qui, quæ de Druso, Claudii patre, hic dicuntur, ad Germanicum Claudii fratrem trahit. Quod addit Claudius, *census Gallici difficultatem nimis magno experimento cognoscimus*, huc special, quod tum ab Claudii censuram in Galliis census renovaretur. De hac sua censura jam supra egerat. (BOISSIEU.)

7. — *Ad census*. Malueris pro ad census emendandum esse ab census. Quis enim latine dixerit ad census, novo opere et inadsueto Galliis, pro ab census, novum opus et inadsuetum Galliis ? [...] in ipsa verborum consequentia patet Claudium dixisse, quum ab census, novo tum opere et inadsueto Galliis, ad bellum avocatus esset. Neque etiam, ut placuit P. de Colonia et Cl. Hænel [?], census allieque, census ille intelligendus est de subsidiis militaribus, *contributions de guerre*, aut de delectu, *levées de troupes*, sed de census, *impôts*, quæ personæ et solum describebantur, ut personarum dignitate et soli ubertate atque amplitudine, tributum in capita et solum, *impôts personnels et fonciers*, etc., præscriberentur. Talem Galliarum censum Germanicus, Drusi filius, agebat, quum ipse quoque ad Germanicum bellum avocatus est : ut videre est apud Tacitum, *Annal.*, lib. 1, c. 31. Ceterum autem a Druso actum merito Claudius dixit novum opus et inadsuetum Galliæ. Julius enim Cæsar, Galliarum domitor, quum eas lenitate an moderatione demulcere vellet, non egit censum, sed tantum quod-agebatur (Galliæ monetæ 7,000,000 fr.), in singulas annuum stipendii nomine imposuit : teste Suetonio in *Jul. Cæs.*, cap. 25. Quum nimia felicitate et opibus inquieti essent Galli. Augustus censum egit, quem memorat Livius in *Epitome*, l. cxxxiv. Dio quoque, lib. lv, p. 512. Alterum deinde egit Drusus, novum adhuc et inadsuetum Galliis opus, novitione quum [...] liberalis censibus, tributorum vectigaliumque motus, uti solitum, cresceret. (N.-E. LEMAIRE.)

Res a Druso patre gestæ, quæ filius h. l. significant, incidunt in annum U. C. 741. Census enim per Gallias agendo Drusus cum intentus esset, anceps periculis conflictabatur, et a Gallis censum detrectantibus et a Sigambris aliisque populis Germanis Gallorum viciniis. Sed utcunque felici successu occurrit : nam et Gallos res novas molientes mitigavit et Germanos armorum vi compescuit. Quo facto, anno proxime sequenti Romam rediit ibique ædilitatem suscepit. Breviter hæc significante in *Epitome* libri cxxxvii *Historiarum* Livii : « Civitates Germaniæ cis Rhenum et trans Rhenum positæ oppugnantur a Druso ; et tumultus, qui ob censum exortus in Gallia erat, compositus, ara Cæsari ad confluentem Araris et Rhodani dedicata. » Hæc eum narrat Dio Cassius, lib. lv, quo quidem nec minus aliis quibusdam ceterum locis usus Fausseaus in Supplementis libri laudati, cap. 4-8, narrationem suam concinnavit. Gallis autem eam ob causam census tum novum opus et inadsuetum dicitur, quia, etsi jam Julius Cæsar iis tributum in universum H. S. quadringenties imposuerat (SUETON., *Jul. Cæs.*, cap. 25). Augustus demum censum singulorum capitum instituit a. U. C., 727. (DIO CASS., lib. xl. cap. xxv). Jam si ponimus, quod verisimile est, quinto quoque anno hoc censum repeti solitum esse ; utique una inveterata ars erat, quum Drusus a. U. 741 censum ageret. Ceterum quidquid de hac Galliarum censæ rerum scriptores tradunt peræqui, neque ad hunc locum explicandum necessarium est, neque nunc quidem vacat. Qui accuratius hanc rem cognoscere studet, adeat Lipsium in *Excursu* X ad Taciti *Annal.* l. i, c. 31, et Savigny commentationem, quæ inscribitur : Ueber die roemische Steuerverfassung unter den Kaysern : Abhandlungen der Berliner Akademie, 1832, impressis p. 15, not. 1. (ZELL.)

8. — In hac oratione omnia satis plana et aperta. Mommseno tantum vitio scriptoris in dextra parte tabulæ scriptum esse *ad census* pro *ab census*. Oscitanter quoque, aut potius antiquæ, nam in Inscriptionibus Marque libris nonnunquam occurrit quod *furuat* pro quod *fuerat*, *cæras* pro *cæras*, *optimit* pro *obtinuit*, *reiciendas* pro *rejiciendas*. Cetera sunt accurata. Vixque unam aut alterum antiquitatis monumentum reperietur, in quo minus peccatum sit.

Nam vero haud siluerim quosdam esse qui Tacitum culpent, quod Claudii orationem non excripserit, sed eo suo marte supposuerit. Iis certe adsentior, si Claudii oratio non esset antiqua, esse [...] mediocre accessibilis. At certe, cum iis laboret vitiis, Claudius plurimum debet Tacito, qui [...] (BOISSIEU.)

(Seconde page, colonne de droite.)

. . . .

Le divin Auguste et mon oncle Tibère César ont voulu que toute la fleur des colonies et des municipes, c'est-à-dire que les hommes les meilleurs et les plus riches fussent admis dans le sénat [1]. Mais quoi donc? Est-ce qu'un sénateur Italien n'est pas préférable à un étranger? Ce que je pense sur ce point, je le montrerai, si cette partie de ma proposition comme censeur est approuvée [2]; mais je ne pense pas qu'on doive exclure du sénat les habitants des provinces, s'ils peuvent lui faire honneur. Il y a longtemps que la très illustre et très puissante colonie de Vienne fournit des membres au sénat? N'est-ce pas de cette colonie qu'est venu, parmi plusieurs, Vestinus [3] ornement de l'ordre des chevaliers, mon intime ami, et que je garde aujourd'hui pour mes propres affaires? Je vous en prie, honorez ses fils des premières fonctions du sacerdoce, pour qu'ils puissent, avec les années, avancer dans les dignités. Je tairai le nom abject de ce brigand détesté, qui, prodige dans l'art de la palestrique [4], fit entrer le consulat dans sa maison avant même que sa colonie eût obtenu solidement le bénéfice de cité romaine; je pourrais dire même chose de son frère qu'un malheur, dont il était innocent, a rendu incapable d'entrer au sénat.

Mais il est temps, Tibère César Germanicus, de découvrir aux Pères Conscrits à quoi tend ce discours, car tu es parvenu aux dernières limites de la Gaule narbonnaise.

Tous ces illustres jeunes hommes que j'aperçois, vous ne regrettez pas davantage de les voir parmi les sénateurs, que Persicus, homme de race noble et mon ami, ne regrette de lire les noms de ses ancêtres parmi les images des Allobroges. Si vous accordez cela, qu'attendrez-vous de plus, sinon que je vous démontre, et vous fasse comme toucher au doigt, que le pays au-delà des limites de la province narbonnaise peut bien vous envoyer des sénateurs, quand vous n'avez pas à vous repentir d'avoir admis ceux de Lugdunum dans votre ordre [5]? C'est avec hésitation, Pères Conscrits, que je sors des limites connues et familières des provinces; mais il est temps de débattre ouvertement la cause de la Gaule chevelue. Si l'on m'objecte cette guerre qu'elle a soutenue pendant dix ans contre le divin Jules, j'opposerai cent années d'une fidélité inviolable et de dévouement éprouvé dans les conjonctures les plus critiques. Lorsque Drusus, mon père, soumit l'Allemagne, ils assurèrent sa sécurité en maintenant le pays derrière lui dans une paix profonde, bien que, lorsqu'il fut appelé à cette guerre, il se vit dans la nécessité de demander aux Gaulois un subside nouveau et inaccoutumé. Nous ne savons que trop combien c'est difficile, quoiqu'il ne s'agisse aujourd'hui que de faire un recensement public des facultés de chacun. »

. . . .

Je ne rappellerai pas que les Eduens obtinrent, les premiers, le droit aux honneurs [7]. On vient de lire le texte du discours de l'empereur Claude et les commentaires dont il a été l'objet; maintenant c'est le monument antique, c'est le bronze lui-même que cette Monographie va présenter. [8]

---

1. — *Sic enim exibit romana dignitas; sic perfit virtus. Crevit quidem alienigenarum opibus Roma, sed majoribus sueto vitiis. Satis fuisset Claudii meos, si, ut olim imperitante Augusto, alienigenarum virtutes potius, quam opes, in Urbem et Urbis magistratus indurta. Claudium omnes literreos, Gallos, Hispanos, Britannos togatos irridet Seneca in Apoc. Eamdem vide de Beneficiis, vi, 19.* (Becker.)

2. — *Jam satis cum hanc partem censurae meae approbare reperta.* Ce passage n'est pas fort clair, on voit seulement que Claude parle de sa censure; il tenait beaucoup à cette charge.

3. — Ce Lucius Vestinus paraît être le même que le Lucius Vestinus qui, vingt ans après, fut chargé par Vespasien de rebâtir le Capitole, selon Tacite, *Hist.*, iv, 53. « Il chargea de la reconstruction du Capitole Lucius Vestinus, simple chevalier, mais qui, par son crédit et sa réputation, était compté parmi les grands personnages de l'État. » Selon Aurelius Victor, le Vestinus du temps de Vespasien, celui que Martial loue au sujet de sa libéralité, pourrait être le fils de Vestinus mentionné dans la table de Claude, bien qu'on ne puisse l'affirmer avec certitude.

4. — J'ai traduit votre part ces mots *prodigium palestricum* par ces expressions figurées : « qui par un adresse prodigieuse de souplesse fit entrer le consulat dans sa maison : mais le sens direct est bien plus vrai. Valerius Asiaticus se plaisait aux exercices gymnastiques, et y excellait. Tacite complète la relation qu'il a donnée de sa mort par ce trait : « Il continua de suivre à ses occupations ordinaires, se baigna, donna un grand repas où il fut très gai, et se fit ouvrir les veines. » M. Zell explique le mot de Claude par cette indéniable penchant de Valerius Asiaticus pour ces exercices palestriques, même à l'article de la mort. Ajoutons que, s'il faut en croire Sénèque, Valerius avait un esprit d'une grande finesse.

5. — « Senatores tantum, quos Lugdunum curiae hac Claudii ætate vel anterior remiserit, non

· *dans repart.* Fortasse hoc loco Princeps senatorem aliura quam si ipsum significat, scilicet Lugduni · natum. » Cette opinion de M. Zell manque entièrement de vraisemblance. Claude devait sa qualité de sénateur à sa naissance, et non au hasard qui l'avait fait naître à Lugdunum.

6. — « *Orationis et SC. exemplar, monumum actorum servatorum in Galliam Comatam missum est, Lugdunique, provinciarum ornamenta, ejus Galliæ metropoli, muro tabula ex viæ perpetuitatem inclusum, superioribus annis e judicibus eratum, in dorsa resp. Lugdunensis, ut alioquoque, publice nunc haberet. At longius fuit tabula, cujus exordium consunxpsit retustas : ut quæ pagina duplici pro latitudine tabulae sculpta verba sunt, ita ordine exscripsimus.* . . . . Hæc quæ dixit Claudius Cæsar, in quo, ut novice Canadius sit : Elegantiam sana requirerer, quoniam mediæta discerneret. Lugduni exprimatur in uno publicandæ exstant fixa : et plumbæ virtum ornata tabulā, saggerit indicium, alia ramilulli tabulū incisam fuisse SC. quod fretum, pont restituta. Principis ordinarum, has loco Tacitus scribit. Sine pro eo, quod Eduis tribuitum, licet sit, verendum, ne Amprobatavum, quod tum Eduorum expat erat, similia in aere sculpta cumio cum SC. sit Lugdunum ubi si fuerit.* (Tacite Op.: ed. J. C. Gronovio, *Amstelod.*, 1672, in 8°, i, 675.)

7. — *Edui*, nunc les Diocèses d'Autun, de Nevers, de Mâcon et de Chalon. Caput genti Augustodunum, Autun. (Apud Gautrata, p. 771, num. 8, *Civitas Eduorum*.) (Becker.)

8. — Dans sa première tirage la teinte était très habilement limitée, mais on pouvait à peine distinguer les lettres, et, comme sur l'original, il était très difficile, pour ne pas dire impossible, de lire l'inscription. En effet, le bronze est d'une couleur brune uniformément foncée, ou plutôt il est noir; pour ce point seulement, nous avons cru devoir nous écarter de l'exactitude absolue, et éclaircir la teinte : le point capital, c'était de reproduire fidèlement la lettre.

MAE·RERVM·N[.....]ESITV

EQVIDEM·PRIMAM·O[...]VM·ILLAM·COGITATIONEM·HOMINVM·QVA[M]
MAXIME·PRIMAM·OCCVRSVRAM·MIHI·PROVIDEO·DEPRECOR·NE
QVASI·NOVAM·ISTAM·REM·INTRODVCI·EXHORRESCATIS·SED·ILLA
POTIVS·COGITETIS·QVAM·MVLTA·IN·HAC·CIVITATE·NOVATA·SINT·E[T]
QVIDEM·STATIM·AB·ORIGINE·VRBIS·NOSTRAE·IN·QVOD·FORMAS
STATVSQVE·RES·P·NOSTRA·DIDVCTA·SIT
QVONDAM·REGES·HANC·TENVERE·VRBEM·NEC·TAMEN·DOMESTICIS·SVCC[E]
SORIBVS·EAM·TRADERE·CONTIGIT·SVPERVENERE·ALIENI·ET·QVIDAM·EX[TER]
NI·VT·NVMA·ROMVLO·SVCCESSERIT·EX·SABINIS·VENIENS·VICINVS·Q[VI]
DEM·SED·TVNC·EXTERNVS·VT·ANCO·MARCIO·PRISCVS·TARQVINIVS
PROPTER·TEMERATVM·SANGVINEM·QVOD·PATRE·DEMARATHO·C[O]
RINTHIO·NATVS·ERAT·ET·TARQVINIENSI·MATRE·GENEROSA·SED·INOP[I]

VTQVAETALIMARITONECESSEHABVERITSVCCVMBERECVM·DOMIRE
PELLERETVR·A·GERENDISHONORIBVSPOSTQVAMROMAMMIGRAVIT
REGNVMADEPTVSESTHVICQVOQVEETFILIONEPOTIVEEIVSNAM·ET
HOCINTER·AVCTORESDISCREPATINSERTVSSERVIVSTVLLIVSSINOSTROS
SEQVIMVRCAPTIVANATVSOCRESIA·SITVSCOSCAELIQVONDAMVI
VENNAESODALISFIDELISSIMVSOMNISQVEEIVSCASVSCOMES·POST
QVAMVARIAFORTVNAEXACTVSCVMOMNIBVSRELIQVISCAELIAN
EXERCITVSETRVRIAEXCESSITMONTEMCAELIVMOCCVPAVITETADVCESVO
CAELIOITA·APPELLITATVSMVTATOQVENOMINENAMTVSCEMASTARNA
EINOMENERATITA·APPELLATVSESTVTDIXIETREGNVMSVMMACVMP·EI
P·VTILITATEOPTINVITDEINDEPOSTQVAMTARQVINISVPERBIMORES
VISICIVITATINOSTRAEESSECOEPERVNTQVAIPSIVSQVAFILIORVM·E
NEMPEPERTAESVMESTMENTESREGNIETADCONSVLESANNVOSMAG
TRATVSADMINISTRATIOREIPTRANSLATAEST

QVID·NVNC·COMMEMOREM·DICTATVRAE·HOC·IPSO·CONSVLARI·IMPE
RIVM·VALENTIVS·REPERTVM·APVD·MAIORES·NOSTROS·QVO·IN·AS
PERIORIBVS·BELLIS·AVT·IN·CIVILI·MOTV·DIFFICILIORE·VTERENTV
AVT·IN·AVXILIVM·PLEBIS·CREATOS·TRIBVNOS·PLEBEI·QVID·A·CONS
LIBVS·AD·DECEMVIROS·TRANSLATVM·IMPERIVM·SOLVTOQVE·POS
DECEMVIRALI·REGNO·AD·CONSVLES·RVSVS·REDITVM·QVID·I
R[I]S·DISTRIBVTVM·CONSVLARE·IMPERIVM·TRIBVNOSQVE·MI
CONSVLARI·IMPERIO·APPELLATOS·QVI·SENI·ET·SAEPE·OCTONI·CREAREN
TVR·QVID·COMMVNICATOS·POSTREMO·CVM·PLEBE·HONORES·NON·IMPERI
SOLVM·SED·SACERDOTIORVM·QVOQVE·IAM·SI·NARREM·BELLA·A·QVIBVS
COEPERINT·MAIORES·NOSTRI·ET·QVO·PROCESSERIMVS·VEREOR·NE·NIMI
INSOLENTIOR·ESSE·VIDEAR·ET·QVAESISSE·IACTATIONEM·GLORIAE·PRO
LATI·IMPERI·VLTRA·OCEANVM·SED·ILLO·C·POTIVS·REVERTAR·CIVITAT

N°3

EQVISICANE
NOVI . . . DIVVSAVG . . . ON . . . EVSETTATRVVSTI
CAESAROMNEMFLOREMVBIQVECOLONIARVMACMVNICIPIORVMBO
NIORVMSCILICETVIRORVMETLOCVPLETIVMINHACCVRIAESSEVOL
QVIDERGONONITALICVSSENATORPROVINCIALITOTIORESP . . . IAM
VOBISCVMHANCPARTEMCENSVRAEMEAEADPROBARECOEPERQQVID
DEPRAESENTIAMREBVSOSTENDAM . SEDNEPROVINCIALESQVIDE
SIMODOORNARECVRIAMPOTERINTREICIENDOSPVTO
ORNATISSIMAECCECOLONIAVALENTISSIMAQVEVIENNENSIVMCVA
LONGOIAMTEMPORESENATORESHVICCVRIAECONFERTEXQ . . . C
NIAINTERPAVCOSEQVESTRISORDINISORNAMENTVMLVENIL . . . E
. . . ILLARISIMEDIVMDEHODIEQVEINREBVS . . . DETINECCVLLIBE
RIFRVALEVRQVAESOPRIMOSACERDOTIORVMGRADV . ONIMODO . . .
ANNISTROMOTVRIDIGNITATISSVAEINCREMENTA . VTDIPVMLIC . ENI

TRONISTACEAMETODILILVDIALAESBRIGVMPRODIGIVMQVODANTEINDO
MVMCONSVLATVMINEVLLOVAMCOLONIASVASOLIDVMCIVITATISROMA
NAEBENEFICIVMCONSECVTAESTIDEMDEFRATREEIVSPOSSVMDICERE
MISERABILIQVIDEMINDIGNISSIMOQVEHOCCASVVTVOBISVTILIS
SENATORESSENONPOSSIT
TEMPVSESTIAMTICAESARGERMANICEDETEGERETEPATRIBVSCONSCRIPTIS
QVOTENDATORATIOTVAIAMENIMADEXTREMOSFINESGALLIAENAR
BONENSISVENISTI
TOTECCEINSIGNESIVVENESQVOTINTVEORNONMAGISSVNTPAENITENDI
SENATORESQVAMPAENITETPERSICVMNOBILISSIMVMVIRVMAMI
CVMMEVMINTERIMAGINESMAIORVMSVORVMALLOBROGICINO
MENLEGEREQVODSIHAECITAESSECONSENTITISQVIDVLTRADESIDERA
TISQVAMVTVOBISDIGITODEMONSTREMSOLVMIPSVMVLTRAFINES
PROVINCIAENARBONENSISIAMVOBISSENATORESMITTEREQVANDO

EX·LVGVDVNO·HABERE·NOS·NOSTRI·ORDINIS·VIROS·NON·PAENITET
TIMIDE·QVIDEM·P·C·EGRESSVS·ADSVETOS·FAMILIARES·QVE·VOBIS·PRO
VINCIARVM·TERMINOS·SVM·SED·DESTRICTE·IAM·COMATAE·GALLIAE
CAVSA·AGENDA·EST·IN·QVA·SI·QVIS·HOC·INTVETVR·QVOD·BELLO·PER·DE
CEM·ANNOS·EXERCVERVNT·DIVOM·IVLIVM·IDEM·OPPONAT·CENTVM
ANNORVM·IMMOBILEM·FIDEM·OBSEQVIVMQVE·MVLTIS·TREPIDIS·RE
BVS·NOSTRIS·PLVS·QVAM·EXPERTVM·ILLI·PATRI·MEO·DRVSO·GERMANIAM
SVBIGENTI·TVTAM·QVIETE·SVA·SECVRAMQVE·A·TERGO·PACEM·PRAES
TITERVNT·ET·QVIDEM·CVM·AD·CENSVS·NOVO·TVM·OPERE·ET·IN·ADSVE
TO·GALLIS·AD·BELLVM·AVOCATVS·ESSET·QVOD·OPVS·QVAM·AR
DVVM·SIT·NOBIS·NVNC·CVM·MAXIME·QVAMVIS·NIHIL·VLTRA·QVAM
VT·PVBLICE·NOTAE·SINT·FACVLTATES·NOSTRAE·EXQVIRATVR·NIMIS
MAGNO·EXPERIMENTO·COGNOSCIMVS